हरिशंकर परसाई

जन्म : 22 अगस्त, 1924

जन्म-स्थान : जमानी गाँव, जिला होशंगाबाद (मध्य प्रदेश)। मध्यवित्त परिवार। दो भाई, दो बहनें। स्वयं अविवाहित रहे।

मैट्रिक नहीं हुए थे कि माँ की मृत्यु हो गई और लकड़ी के कोयले की ठेकेदारी करते पिता को असाध्य बीमारी। फलस्वरूप गहन आर्थिक अभावों के बीच पारिवारिक जिम्मेदारियाँ। यहीं से वास्तविक जीवन संघर्ष, जिसने ताकत भी दी और दुनियावी शिक्षा भी। फिर भी आगे पढ़े। नागपुर विश्वविद्यालय से हिन्दी में एम.ए.। फिर 'डिप्लोमा इन टीचिंग'।

प्रकाशित कृतियाँ : *हँसते हैं रोते हैं, जैसे उनके दिन फिरे* (कहानी-संग्रह); *रानी नागफनी की कहानी, तट की खोज* (उपन्यास); *तब की बात और थी, भूत के पाँव पीछे, बेईमानी की परत, वैष्णव की फिसलन, पगडंडियों का जमाना, शिकायत मुझे भी है, सदाचार का ताबीज, विकलांग श्रद्धा का दौर, तुलसीदास चन्दन घिसैं, हम इक उम्र से वाकिफ हैं, निठल्ले की डायरी, आवारा भीड़ के खतरे, जाने पहचाने लोग, कहत कबीर* (व्यंग्य निबंध-संग्रह); *पूछो परसाई से* (साक्षात्कार)

केन्द्रीय साहित्य अकादमी पुरस्कार, मध्यप्रदेश का शिखर सम्मान आदि अनेक पुरस्कारों से सम्मानित।

रचनाओं के अनुवाद लगभग सभी भारतीय भाषाओं और अंग्रेजी में।

'परसाई रचनावली' शीर्षक से छह खंडों में रचनाएँ संकलित।

निधन : 10 अगस्त, 1995

वैष्णव की फिसलन

हरिशंकर परसाई

राजकमल पेपरबैक्स

पहला पुस्तकालय संस्करण
राजकमल प्रकाशन प्राइवेट लिमिटेड द्वारा
1976 में प्रकाशित

राजकमल पेपरबैक्स में
पहला संस्करण : 1996
चौदहवाँ संस्करण : 2025

राजकमल पेपरबैक्स : उत्कृष्ट साहित्य के जनसुलभ संस्करण

राजकमल प्रकाशन प्रा.लि.
1-बी, नेताजी सुभाष मार्ग, दरियागंज
नई दिल्ली-110 002
द्वारा प्रकाशित

शाखाएँ : अशोक राजपथ, साइंस कॉलेज के सामने, पटना-800 006
पहली मंजिल, दरबारी बिल्डिंग, महात्मा गांधी मार्ग, प्रयागराज-211 001
1, अनमोल सोराबजी सन्तुक लेन, धोबी तलाव, मरीन लाइंस, मुम्बई-400 002

वेबसाइट : www.rajkamalprakashan.com
ई-मेल : info@rajkamalprakashan.com

विकास कंप्यूटर एंड प्रिंटर्स
ट्रॉनिका सिटी-201 102
द्वारा मुद्रित

मूल्य : ₹ 199

VAISHNAV KI FISLAN
Satire by Harishankar Parsai

ISBN : 978-81-267-0264-0

लेखक की ओर से

इस संग्रह में मेरे ताजा व्यंग्य हैं।

व्यंग्य पर मैं पहले बहुत कुछ लिख चुका हूँ। व्यंग्य की प्रतिष्ठा इस बीच साहित्य में काफी बढ़ी है—वह शूद्र से क्षत्रिय मान लिया गया है। व्यंग्य, साहित्य में ब्राह्मण बनना भी नहीं चाहता क्योंकि वह कीर्तन करता है।

संग्रह में अन्त के तीन लेख ज़रा भिन्न किस्म के हैं। एक निबन्ध होशंगाबाद के इस बार के जल-प्रलय पर एक-दूसरे दृष्टिकोण से लिखा है। मैं नर्मदा-पुत्र हूँ। इस नदी के किनारे पैदा हुआ। वहीं मेरी ननिहाल है। 1926 के भयंकर पूर में, जब मैं दो साल का था, लगभग डूब गया था, पर मेरी माँ एकदम पानी में घुसी और बेहोशी की हालत में मुझे किनारे ले आई। वह भी डूब जाती। वह प्रसिद्ध केवट-लड़की सरस्वती जिसने अपनी डोंगी से दो सौ पचास मनुष्यों को बचाया, उसमें यह संकल्प और बल इसी मातृ-भाव से आया होगा। उसका सम्मान हो रहा है। रुपये भी मिल

रहे हैं। इस आज की मत्स्यगन्धा को कोई बूढ़ा शान्तनु नहीं मिला। पर बैंक में काफी रुपये हो जाने पर कोई जवान शान्तनु मिल जाएगा।

जहाँ पैदा हुआ, वहीं डूबकर मर रहा था। फिर मेरे भाई की ससुराल होशंगाबाद में ही है। प्रलय के समय उसकी पत्नी वहीं थी। तो एक गहरे लगाव के कारण मैंने उस क्षेत्र को देखकर यह लेख लिखा—जिसमें मानवी गहराई और ऊँचाई दोनों हैं।

दूसरा लेख है—'लेखक, संरक्षण और असहमति'। मैंने एक परिचर्चा शुरू की थी, जिसमें बारह लेखकों ने भाग लिया। सवाल विचारणीय है। इसीलिए इसे दे रहा हूँ कि बुद्धिजीवी और सोचें, और बहस करें।

तीसरा लेख 'मानस चतुश्शती' पर उठे विवाद पर मेरी प्रतिक्रिया है।

ये गम्भीर, विचारणीय लेख हैं—पर अपने स्वभाव के कारण इनमें जगह-जगह व्यंग्य भी आ गया है।

एक बात जरूरी कहना है।

लेखक, बुद्धिजीवी सोचता है—समस्याओं पर। चिन्तन आगे बढ़ता है। इस संग्रह में कुछ रचनाएँ हैं, जिन्हें पढ़कर पाठक को लगेगा कि लेखक अधिक उग्र हो रहा है। शायद अतिवादी हो रहा है—सोचने में। इस संग्रह की कहानी 'अकाल-उत्सव' पढ़कर कई लोगों ने मुझसे कहा कि संसदीय लोकतंत्र पर से आपका विश्वास उठ रहा है। आप सोचते हैं शायद कि संसदीय लोकतंत्र से न्यायपूर्ण, समतावादी समाज की स्थापना नहीं होगी—तभी आप उस कहानी में भूखे लोगों को संसद भवन के पत्थर उखाड़कर खिलवाते हैं।

जवाब मैं अभी नहीं दूँगा।

इतिहास एक हद तक समय देता है। मेरा खयाल है—हमें तीन सालों से ज्यादा समय नहीं है।

बहरहाल, मैं नेता नहीं, लेखक हूँ—समाज से संलग्न लेखक। इसलिए विनम्रता से यह पुस्तक प्रेमी पाठकों (अब वे पचीस-तीस साल पहले के 'प्रेमी' नहीं, बड़े काँइयाँ हो गए हैं) के हाथों में रख रहा हूँ।

1533, नेपियर टाउन, जबलपुर
7.12.1973

—हरिशंकर परसाई

अनुक्रम

वैष्णव की फिसलन

वैष्णव करोड़पति है। भगवान विष्णु का मन्दिर। जायदाद लगी है। भगवान सूद-खोरी करते हैं। ब्याज से कर्ज देते हैं। वैष्णव दो घंटे भगवान विष्णु की पूजा करता है, फिर गादी-तकिए वाली बैठक में आकर धर्म को धन्धे से जोड़ता है। धर्म धन्धे से जुड़ जाए, इसी को 'योग' कहते हैं। कर्ज लेने वाले आते हैं। विष्णु भगवान का वह मुनीम हो जाता है। कर्ज लेने वाले से दस्तावेज लिखवाता है :

'दस्तावेज लिख दी रामलाल वल्द श्यामलाल ने भगवान विष्णु वल्द नामालूम को ऐसा जो कि...'

वैष्णव बहुत दिनों से विष्णु के पिता के नाम की तलाश में है, पर वह मिल नहीं रहा। मिल जाए तो वल्दियत ठीक हो जाए।

वैष्णव के नम्बर दो का बहुत पैसा हो गया है। कई एजेंसियाँ ले रखी हैं। स्टॉकिस्ट है। जब चाहे माल दबाकर 'ब्लेक' करने लगता है। मगर दो घंटे विष्णु-

पूजा में कभी नागा नहीं करता। सब प्रभु की कृपा से हो रहा है। उसके प्रभु भी शायद दो नम्बरी हैं। एक नम्बरी होते, तो ऐसा नहीं करने देते।

वैष्णव सोचता है—अपार नम्बर दो का पैसा इकट्ठा हो गया है। इसका क्या किया जाए? बढ़ता ही जाता है। प्रभु की लीला है। वही आदेश देंगे कि क्या किया जाए।

वैष्णव एक दिन प्रभु की पूजा के बाद हाथ जोड़कर प्रार्थना करने लगा, "प्रभु, आपके ही आशीर्वाद से मेरे पास इतना सारा दो नम्बर का धन इकट्ठा हो गया है। अब मैं इसका क्या करूँ? आप ही रास्ता बताइए। मैं इसका क्या करूँ? प्रभु, कष्ट हरो सबका!"

तभी वैष्णव की शुद्ध आत्मा से आवाज उठी, 'अधम, माया जोड़ी है, तो माया का उपयोग भी सीख! तू एक बड़ा होटल खोल। आजकल होटल बहुत चल रहे हैं।'

वैष्णव ने प्रभु का आदेश मानकर एक विशाल होटल बनवाया। बहुत अच्छे कमरे। खूबसूरत बाथरूम। नीचे लॉन्ड्री। नाई की दुकान। टैक्सियाँ। बाहर बढ़िया लॉन। ऊपर टेरेस गार्डन।

और वैष्णव ने खूब विज्ञापन करवाया।

कमरे का किराया तीस रुपया रखा।

फिर वैष्णव के सामने धर्मसंकट आया। भोजन कैसा होगा? उसने सलाहकारों से कहा, "मैं वैष्णव हूँ। शुद्ध शाकाहारी भोजन कराऊँगा। शुद्ध घी की सब्जी, फल, दाल, रायता, पापड़ वगैरह।"

बड़े होटल का नाम सुनकर बड़े लोग आने लगे। बड़ी-बड़ी कम्पनियों के एक्जीक्यूटिव, बड़े अफसर और बड़े सेठ।

वैष्णव सन्तुष्ट हुआ।

पर फिर वैष्णव ने देखा कि होटल में ठहरने वाले कुछ असन्तुष्ट हैं।

एक दिन एक कम्पनी का एक्जीक्यूटिव बड़े तैश में वैष्णव के पास आया। कहने लगा, "इतने महँगे होटल में हम क्या यह घासपत्ती खाने के लिए ठहरते हैं? यहाँ 'नानवेज' का इन्तजाम क्यों नहीं है?"

वैष्णव ने जवाब दिया, "मैं वैष्णव हूँ। मैं गोश्त का इन्तजाम अपने होटल में कैसे कर सकता हूँ?"

उस आदमी ने कहा, "वैष्णव हो, तो ढाबा खोलो। आधुनिक होटल क्यों खोलते हो? तुम्हारे यहाँ आगे कोई नहीं ठहरेगा।"

वैष्णव ने कहा, "यह धर्मसंकट की बात है। मैं प्रभु से पूछूँगा।"

उस आदमी ने कहा, "हम भी बिजनेस में हैं। हम कोई धर्मात्मा नहीं हैं—न आप, न मैं।"

वैष्णव ने कहा, "पर मुझे तो यह सब प्रभु विष्णु ने दिया है। मैं वैष्णव धर्म के प्रतिकूल कैसे जा सकता हूँ? मैं प्रभु के सामने नतमस्तक होकर उनका आदेश लूँगा।"

दूसरे दिन वैष्णव साष्टांग विष्णु के सामने लेट गया। कहने लगा, "प्रभु, यह होटल बैठ जाएगा। ठहरने वाले कहते हैं कि हमें यहाँ बहुत तकलीफ होती है। मैंने तो प्रभु, वैष्णव भोजन का प्रबन्ध किया है, पर वे मांस माँगते हैं। अब मैं क्या करूँ?"

वैष्णव की शुद्ध आत्मा से आवाज आई, 'मूर्ख, गांधीजी से बड़ा वैष्णव इस युग में कौन हुआ है? गांधी का भजन है—वैष्णव जन तो तेणे कहिए, जे पीर परायी जाणे रे। तू इन होटल में रहने वालों की पीर क्यों नहीं जानता? उन्हें इच्छानुसार खाना नहीं मिलता। उनकी पीर तू समझ और उस पीर को दूर कर।'

वैष्णव समझ गया।

उसने जल्दी ही गोश्त, मुर्गा, मछली का इन्तजाम करवा दिया।

होटल के ग्राहक बढ़ने लगे।

मगर एक दिन फिर वही एक्जीक्यूटिव आया।

कहने लगा, "हाँ, अब ठीक है। मांसाहार अच्छा मिलने लगा। पर एक बात है।"

वैष्णव ने पूछा, "क्या?"

उसने जवाब दिया, "गोश्त के पचने की दवाई भी तो चाहिए।"

वैष्णव ने कहा, "लवणभास्कर चूर्ण का इन्तजाम करवा दूँ?"

एक्जीक्यूटिव ने माथा ठोंका। कहने लगा, "आप कुछ नहीं समझते। मेरा मतलब है—शराब। यहाँ बार खोलिए।"

वैष्णव सन्न रह गया। शराब यहाँ कैसे पी जाएगी? मैं प्रभु के चरणामृत का प्रबन्ध तो कर सकता हूँ, पर मदिरा? हे राम!

दूसरे दिन वैष्णव ने फिर प्रभु से कहा, "प्रभु, वे लोग मदिरा माँगते हैं। मैं आपका भक्त मदिरा कैसे पिला सकता हूँ?"

वैष्णव की पवित्र आत्मा से आवाज आई, 'मूर्ख, तू क्या होटल बिठाना चाहता है? देवता सोमरस पीते थे। वही सोमरस यह मदिरा है। इसमें तेरा वैष्णव-धर्म कहाँ भंग होता है। सामवेद में 63 श्लोक सोमरस अर्थात् मदिरा की स्तुति में हैं। तुझे धर्म की समझ है या नहीं?'

वैष्णव समझ गया।

उसने होटल में 'बार' खोल दिया।

अब होटल ठाठ से चलने लगा। वैष्णव खुश था।

फिर एक दिन एक आदमी आया। कहने लगा, "अब होटल ठीक है। शराब भी है, गोश्त भी है। मगर मरा हुआ गोश्त है। हमें जिन्दा गोश्त भी चाहिए।"

वैष्णव ने पूछा, "यह जिन्दा गोश्त कैसा होता है?"

उसने कहा, "कैबरे—जिसमें औरत नंगी होकर नाचती है।"

वैष्णव ने कहा, "अरे, बाप रे!"

उस आदमी ने कहा, "इसमें 'अरे बाप रे' की कोई बात नहीं। सब बड़े होटलों में चलता है। यह शुरू कर दो तो कमरों का किराया बढ़ा सकते हो।"

वैष्णव ने कहा, "मैं कट्टर वैष्णव हूँ। मैं प्रभु से पूछूँगा।"

दूसरे दिन फिर वैष्णव प्रभु के चरणों में था। कहने लगा, "प्रभु, वे लोग कहते हैं कि होटल में नाच भी होना चाहिए। आधा नंगा या पूरा नंगा।"

वैष्णव की शुद्ध आत्मा से आवाज आई, 'मूर्ख, कृष्णावतार में मैंने गोपियों को नचाया था। चीर-हरण तक किया था। तुझे क्या संकोच है?'

प्रभु की आज्ञा से वैष्णव ने 'कैबरे' भी चालू कर दिया।

अब कमरे भरे रहते थे—शराब, गोश्त और कैबरे।

वैष्णव बहुत खुश था। प्रभु की कृपा से होटल भरा रहता था।

कुछ दिनों बाद एक ग्राहक ने 'बेयरा' से कहा, "इधर कुछ और भी मिलता है?"

बेयरा ने पूछा, "और क्या साब?"

ग्राहक ने कहा, "अरे यही मन बहलाने को कुछ। कोई ऊँचे किस्म का माल मिले तो लाओ।"

बेयरा ने कहा, "नहीं साब, इस होटल में यह नहीं चलता।"

ग्राहक वैष्णव के पास गया। बोला, "इस होटल में कौन ठहरेगा? इधर रात को मन बहलाने का कोई इन्तजाम नहीं है।"

वैष्णव ने कहा, "कैबरे तो है साहब!"

ग्राहक ने कहा, "कैबरे तो दूर का होता है। बिल्कुल पास का चाहिए—गर्म माल, कमरे में।"

वैष्णव फिर धर्मसंकट में पड़ गया।

दूसरे दिन वैष्णव फिर प्रभु की सेवा में गया। प्रार्थना की, "कृपानिधान, ग्राहक लोग नारी माँगते हैं—पाप की खान! मैं तो इस पाप की खान से जहाँ तक बनता है, दूर रहता हूँ। अब मैं क्या करूँ?"

वैष्णव की शुद्ध आत्मा से आवाज आई, 'मूर्ख, यह तो प्रकृति और पुरुष का संयोग है। इसमें क्या पाप और पुण्य! चलने दे।'

वैष्णव ने बेयरों से कहा, ''चुपचाप इन्तजाम कर दिया करो। जरा पुलिस से बचकर। 25 फीसदी भगवान की भेंट ले लिया करो।''

अब वैष्णव का होटल खूब चलने लगा।

शराब, गोश्त, कैबरे और औरत।

वैष्णव धर्म बराबर निभ रहा है।

इधर यह भी चल रहा है।

वैष्णव ने धर्म को धन्धे से खूब जोड़ा है।

अकाल-उत्सव

दरारों वाली सपाट सूखी भूमि नपुंसक पति की सन्तानेच्छु पत्नी की तरह बेकल नंगी पड़ी है।

अकाल पड़ा है।

पास ही एक गाय अकाल के समाचार वाले अखबार को खाकर पेट भर रही है। कोई सर्वे वाला अफसर छोड़ गया होगा। आदमी इस मामले में गाय-बैल से भी गया-बीता है। गाय तो इस अखबार को भी खा लेती है, मगर आदमी उस अखबार को भी नहीं खा सकता जिसमें छपा है कि अमेरिका से अनाज के जहाज चल चुके हैं। एक बार मैं खा गया था। एक कालम का 6 पंक्तियों का समाचार था। मैंने उसे काटा और पानी के साथ निगल गया। दिन-भर भूख नहीं लगी। आजकल अखबारों में आधे पृष्ठों पर सिर्फ अकाल और भुखमरी के समाचार छपते हैं। अगर अकालग्रस्त आदमी सड़क पर पड़ा अखबार उठाकर उतने पन्ने खा ले, तो महीने-भर भूख नहीं

लगे। पर इस देश का आदमी मूर्ख है। अन्न खाना चाहता है। भुखमरी के समाचार नहीं खाना चाहता।

हर साल वसन्त आता है। हर साल मंगलवर्षा आती है। हर साल शारदोत्सव आता है।

हर साल अकाल आता है, जैसे हर साल स्वाधीनता दिवस और गणतंत्र दिवस आते हैं। ये मंगल-उत्सव अपने-आप आते हैं। शरद में कोई चाँद की प्रार्थना नहीं करता कि हे अमृतघट, उत्सव के लिए अमृत बरसा!

मगर अकाल के लिए बड़ी प्रार्थनाएँ, बड़े अनुष्ठान करते हैं। अकाल के लिए इन्द्र-पूजा होती है। पहले इन्द्र-पूजा वर्षा के लिए होती थी। मगर अब अवर्षा के लिए इन्द्र-पूजा होती है। कृष्ण का गोवर्द्धन पर्वत कुछ दिनों में धूल होकर बिखर जाएगा। इन्द्र का कोप अब भीषण वर्षा में नहीं, अवर्षा में प्रकट होता है। गोवर्द्धन को तस्कर यूरोप में बेच आएँगे।

बड़ी प्रार्थना होती है। जमाखोर और मुनाफाखोर साल-भर अनुष्ठान कराते हैं। स्मगलर महाकाल को नरमुंड भेंट करता है। इंजीनियर की पत्नी भजन गाती है—'प्रभु, कष्ट हरो सबका!' भगवन, पिछले साल अकाल पड़ा था तब सक्सेना और राठौर को आपने राहतकार्य दिलवा दिया था। प्रभो, इस साल भी इधर अकाल कर दो और 'इनको' राहत-कार्य का इंचार्ज बना दो। तहसीलदारिन, नायबिन, ओवरसीअरन सब प्रार्थना करती हैं। सुना है, विधायक-भार्या और मंत्री-प्रिया भी अनुष्ठान कराती हैं। जाँच कमीशन के बावजूद मैं ऐसा पापमय विचार नहीं रखता। इतने अनुष्ठानों के बाद इन्द्रदेव प्रसन्न होते हैं और इलाके की तरफ के नल का कनेक्शन काट देते हैं।

हर साल वसन्त!

हर साल शरद!

हर साल अकाल!

फिर अकाल-उत्सव क्यों न हो जाए? इसे मनाने की एक निश्चित विधि होती है, जैसे दूसरे उत्सवों की होती है। गणतंत्र दिवस पर परेड होती है। अकाल में सस्ते गल्ले की राशन-दुकान पर भी परेड होती है और ज्यादा जोश से होती है। गणतंत्र-परेड कुछ घंटे होती है, अकाल-परेड महीने में हर रोज होती है। राशन-दुकान पर खाली झोला लिये खड़ी फौज में उन फौजियों से ज्यादा जोश होता है।

साल में दस महीने पहलवान ऐलान करता है—इस साल वो रियाज किया है कि कोई अखाड़े में मुकाबले में नहीं उतर सकता। चुनौती देता हूँ—कोई अप्रैल-मई में लड़ ले। मगर पहलवान को अप्रैल में टाइफाइड हो जाता है और वह कहता है, "अब मैं लाचार हूँ। टाइफाइड ने सारी बादाम उतार दी।"

मंत्री लोग ऐसे ही पहलवान हैं—नौ महीने ताल ठोंकते हैं—अन्न का अभाव सामने आने की हिम्मत नहीं कर सकता। इतने लाख क्विंटल का स्टाक होगा। 'लेव्ही' ली जाएगी। लड़ ले कोई जमाखोर—पछाड़ दिया जाएगा।

मगर मई आते ही उसे भी टाइफाइड हो जाता है। कहता है—"क्या करूँ? जमाखोरी का 'टाइफाइड' सरकार को हो गया। विरोधी तो विरोधी, अपनी पार्टी के लोग भी रोग के कीटाणु लिये हैं। दवा लेने अमेरिका भेजा है आदमी।"

मई में वीर मंत्रियों की भी बादाम उतर जाती है।

इधर मैंने देखा, उलटी 'लेव्ही' ली जाने लगी है। एक शहर में भारतीय निगम के गोदाम से गलत नम्बर प्लेट के ट्रक में लदकर एक सौ पचास बोरे गेहूँ जा रहा था कि फाटक पर चौकीदार ने पकड़ लिया। उसने पूछा, "यह 'लेव्ही' का गेहूँ कहाँ जा रहा है?" विभाग के आदमी ने कहा, "तुम्हें नया कानून नहीं मालूम? नए कानून के मुताबिक खाद्य निगम खुद लेव्ही देगा। वही लेव्ही है यह, जो जमाखोर को दी जा रही है। नए ऑर्डर पूछ लिया करो।"

मैं एक विधायक से पूछता हूँ, "अकाल की स्थिति कैसी है?"

वह चिन्तित होता है। मैं समझता हूँ, यह अकाल से चिन्तित है। मुझे बड़ा सन्तोष होता है।

वह जवाब देता है, "हाँ, अकाल तो है, पर ज्यादा नहीं है। कोशिश करने से जीता जा सकता है। सिर्फ ग्यारह विधायक हमारी तरफ आ जाएँ, तो हमारी मिनिस्ट्री बन सकती है।"

हर आदमी का अपना अकाल होता है। इनका अकाल दूसरा है। इन्हें सिर्फ ग्यारह क्विंटल विधायक मिल जाएँ, तो अकाल-समस्या हल हो जाए—सत्ता की।

दिन में यह सब सोचता हूँ और रात को मुझे विचित्र सपने आते हैं।

एक रात सपना आया—राष्ट्र ने अकाल-उत्सव मनाना तय कर लिया है। कई क्षेत्रों में हो रहा है। एक क्षेत्र में अकाल-उत्सव मैंने सपने में देखा।

आसपास के चार-पाँच गाँवों के किसान, स्त्रियाँ, बच्चे, इकट्ठे थे।

पंडाल सजाया गया था। मंत्री अकाल-समारोह का उद्घाटन करने आने वाले थे। पटवारी ने भूखों से चन्दा करके गुलाबों की मालाएँ कस्बे से मँगवा ली थीं।

स्त्रियाँ खाली मंगल-घटों में सूखे नाले के किनारे की घास रखकर कतार में चल रही थीं। वे गा रही थीं :

'अबके बरस मेघा फिर से न बरसो, मंगल पड़े अकाल रे।'

ओवरसीयर और मेट उनमें से अपने लिए छाँट रहे थे :

"सा'ब, उसे देखो, कैसी मटकती है!"

‘‘अरे, मगर इस सामने वाली को तो देख! दो बार पूरी रोटी खा ले तो परी हो जाए!’’

‘‘मगर सा’ब, सुना है, तहसीलदार सा’ब भी तबियत फेंक देते हैं।’’

‘‘अरे, तो ‘थ्रू प्रापर चेनल’! सरकारी नियम हम थोड़े ही तोड़ेंगे।’’

हड्डी-ही-हड्डी। पता नहीं, किस गोंद से इन हड्डियों को जोड़कर आदमी के पुतले बनाकर खड़े कर दिये गए हैं।

यह जीवित रहने की इच्छा की गोंद है। यह हड्डी जोड़ देती है। आँतें जोड़ देती है।

सिर मील-भर दूर पड़ा हो तो जुड़ जाता है।

जीने की इच्छा की गोंद बड़ी ताकतवर होती है।

पर सोचता हूँ, ये जीवित क्यों हैं?

ये मरने की इच्छा को खाकर जीवित हैं। ये रोज कहते हैं—इससे तो मौत आ जाए तो अच्छा!

पर मरने की इच्छा को खा जाते हैं। मरने की इच्छा में पोषक तत्त्व होते हैं।

जीने की इच्छा गोंद होती है, जो शरीर जोड़े रखती है।

मरने की इच्छा में पोषक तत्त्व होते हैं।

अकाल-उत्सव शुरू हुआ।

उत्सव में कवि जरूरी होते हैं। वे उत्सव का ‘मूड’ बनाते हैं। वहाँ दो कवि भी थे जो समयानुकूल कविता बना लाए थे।

विधायक ने संक्षिप्त भाषण दिया, ‘‘बड़े सौभाग्य का विषय है कि मंत्री महोदय हमारे बीच पधारे हैं। उन्हें कई उत्सवों का निमंत्रण था, पर इस क्षेत्र के अकाल से उन्हें विशेष प्रेम है, इसलिए वे यहीं पधारे। हम उनका स्वागत करते हैं।’’

माला पड़ी और तालियाँ पिटीं।

सबसे खूबसूरत तालियाँ पीटीं मंत्रीजी के आसपास बैठे जमाखोर, मुनाफाखोर, चोरबाजारिए और इनके सरकारी मौसेरे भाइयों ने।

तब मंत्रीजी ने भाषण दिया, ‘‘मैं आपका आभारी हूँ कि इस अकाल-उत्सव में उद्घाटन के लिए आपने मुझे आमंत्रित किया। अकाल भारत की पुरानी परम्परा है। आप जानते हैं कि भगवान राम के राज में भी अकाल पड़ा था। हमारे राज में भी अकाल पड़ता है। हम गांधीजी के आदेश के अनुसार राम-राज ला रहे हैं। अकाल राम-राज का आधार है। मर्यादा पुरुषोत्तम भगवान राम राम-राज का स्वर्ग नहीं ला सकते थे, यदि अकाल न पड़ता। इसलिए अकाल का स्वागत करना चाहिए। अकाल के बिना राम-राज नहीं आ सकता। मेरे विपक्षी मित्र जो भारतीय संस्कृति के पूजक हैं, मुझसे सहमत होंगे कि अकाल हमारी महान भारतीय संस्कृति का एक प्रमुख तत्त्व है। द्रोणाचार्य जैसे वीर तक भूखे मरते थे।

"मेरी इच्छा है, आप खूब खुशी के साथ अकाल-उत्सव मनाएँ। हम घोर संकट में भी प्रसन्न रहते हैं। आप जानते हैं, प्रियजन की मौत के बाद हम श्राद्ध करते हैं तब हाथ पर मलकर शुद्ध घी की परीक्षा करते हैं और उसका लड्डू खाते हैं।

"मैं अधिक समय नहीं लूँगा, क्योंकि रेस्ट हाउस में मेरा मुर्गा पक गया होगा। मेरी कामना है कि उत्सव सफल हो।"

वे बैठ गए।

इसके बाद दो कविताएँ हुईं—एक गम्भीर और दूसरी हास्य रस की।

गम्भीर कवि ने पढ़ा :

स्वागत अकाल! स्वागत अकाल!
भारत के गौरव के प्रतीक,
गांधी के सपने के प्रतीक
गोदामों में रखी सुरक्षित
हरित क्रान्ति के प्रिय प्रतीक
मनु भी करते बैठे जुगाल!
स्वागत अकाल! स्वागत अकाल!

फिर हास्य रस की कविता कवि मामा ने पढ़ी :

मामी बोली मामा से देखो
रोटी तो बिल्ली निगल गई
मामा बोले रोटी वापस लेने को
तुम निगलो बिल्ली को तुरन्त!

इसके बाद थोड़ी और औपचारिकता के बाद समारोह समाप्त हुआ क्योंकि रेस्ट हाउस में मुर्गे पककर बाँग देने लगे थे! दूसरे दिन से राहत कार्य शुरू हो गए।

मुझे सपने बहुत आते हैं।

मैं देखता हूँ—भूखे बिलबिला रहे हैं। मजदूरी पूरी नहीं मिलती। मिलती है तो दाना नहीं मिलता। मिलता है तो महँगा मिलता है। महँगा मिलता है, तो उसमें न जाने क्या-क्या कचरा मिला रहता है।

भूखे और अधमरे चिल्लाते हैं—रोटी नहीं तो उत्सव काहे का! उत्सव फेल हो गया।

मुझे एक सपना और आता है। कुछ दूसरी पार्टियों के लोग सेठों, जमाखोरों, सूदखोरों, मुनाफाखोरों को लेकर जाते हैं और लोगों से कहते हैं :

"तुम्हें रोटी नहीं मिलती रोटी नहीं मिलती क्योंकि गल्ला नहीं मिलता। गल्ला क्यों नहीं मिलता, क्योंकि ये लोग जो आए हैं, इनका गल्ला सरकार ने दबा लिया है। जबरदस्ती दबा लिया है।"

"आप लोग बताओ—पीढ़ियों से गल्ला तुम किन्हें बेचते थे?"

लोग बोले, "इन आपके साथ के लोगों को। मगर ये लोग...।"

नेता लोग बोले, "यह 'मगर' बन्द करो अब। इस सरकार ने इनका खरीदना बन्द कर दिया है। फिर बताओ—गल्ला तुम किनसे लेते थे?"

लोग बोले, "इन्हीं से, मगर..."

नेता बोले, "पर सरकार ने इनका बेचना भी बन्द कर दिया है।"

लोगों ने कहा, "तो हम लोग क्या करें? किसके ईमान पर भरोसा करें?"

नेता बोले, "अब हमारी बात मानो। इस सरकार का अकाल-उत्सव तुम लोग भुगत चुके। इस सरकार को बदलो। अब हमें वोट दो। हमें विधान सभा और संसद में भेजो। हमारी सरकार बनवाओ। तुम देखोगे कि तुम सब सुखी हो जाओगे। खरीदने वाले खरीदेंगे और बेचने वाले बेचेंगे। यही आदिकाल से चला आ रहा है। यही सनातन धर्म है। हमारे अकाल-उत्सव से तुम्हें कोई शिकायत नहीं होगी।"

लोग बोले, "मगर..."

नेता बोले, "तुम बार-बार 'मगर' क्यों बोलते हो? मगरमच्छ बोलो न!"

मुझे फिर सपना आता है। मैं सपनों से परेशान हूँ। वे कितने सुखी हैं, जिन्हें सपने नहीं आते! मुझे लगने लगा है कि वही सुख की गहरी नींद सोता है, जिसे सपने नहीं आते। मेरा पहले खयाल था कि सूअर और कुत्ता ऐसे प्राणी हैं जिन्हें सपने नहीं आते। पर अब अन्न का दाना न मिलने से चूहे को भी सपने आते हैं।

सपने में देखता हूँ कि भूखे लोग तरह-तरह की सरकारें बनाते हैं। अकाल-उत्सव भी मनाते हैं। बड़ा आनन्द है। पर रोटी नहीं मिलती। अन्न नहीं मिलता।

मैं दार्शनिक हो जाता हूँ।

'अथातो ब्रह्म जिज्ञासा!' ऋषि शिष्य से ब्रह्म के रूप के बारे में चिन्तन करने को कहता है। जिज्ञासु शिष्य उपवास करके चिन्तन करता है और भूखा ब्रह्मचारी आकर कहता है, "गुरु, अन्नं ब्रह्म। अन्न ही ब्रह्म है, गुरु! अन्न! अन्न! इसके बाद ही 'आनन्द ब्रह्म' है।"

इधर हलचल बढ़ रही है।

न जाने कौन इन लोगों को समझाते हैं कि जो सरकार अकाल को उत्सव मानेगी, रोटी नहीं देगी।

मगर लोगों को उत्सव मनाने की आदत पड़ गई है।
उत्सव का रूप चाहे बदले, उत्सव मनाएँगे।

मुझे भयंकर सपना आता है।

देखता हूँ कि अकाल-उत्सव के मूड में ढोलक बजाकर नाचते-गाते भूखे, अधमरे राजधानी में आ गए हैं और बड़ा भयंकारी दृश्य मुझे दिखता है।

एक विधायक पहचान का मिलता है। उसका एक हाथ ही नहीं है। आस्तीन से खून टपक रहा है।

मैं पूछता हूँ, "यह क्या हो गया?"

वह कहता है, "वही अकाल-उत्सव वाले लोग मेरा हाथ खा गए।"

किसी विधायक की टाँग खा ली गई है। किसी मंत्री की नाक चबा ली गई है, किसी का कान!

भीड़ बढ़ती जाती है।

विधायक और मंत्रिगण भाग रहे हैं।

एकाएक सैकड़ों जमाखोरों और मुनाफाखोरों को लोग पकड़ लाते हैं और उन्हें भून रहे हैं। कहते हैं, "तुम्हारी भूख इतनी विकट है कि अपना ही भुना गोश्त खाए बिना तुम्हारा पेट नहीं भरेगा।"

"हमें खाओगे तो भूखे रह जाओगे। हममें खाने लायक कितना कम है।"

अब वे पुलिस और रायफल की राह देख रहे हैं।

सारे विधान भवनों में सन्नाटा!

संसद और उसके अहाते में सन्नाटा!

अब ये भूखे क्या खाएँ? भाग्य-विधाताओं और जीवन के थोक ठेकेदारों की नाक खा गए, कान खा गए, हाथ खा गए, टाँग खा गए। वे सब भाग गए। अब क्या खाएँ?

अब क्या खाएँ? आखिर वे विधान सभा और संसद की इमारतों के पत्थर और ईंटें काट-काटकर खाने लगे।

भयंकर सपना! मेरी नींद टूट गई। मैं पसीने से लथपथ हो जाता हूँ। घबड़ाहट होती है। क्या करूँ? सपना ही तो है—यह सोचकर शान्त होना चाहता हूँ।

मगर चैन नहीं मिलता। मानस चतुश्शती वर्ष है, इसलिए मैं 'रामचरितमानस' श्रद्धापूर्वक फिर से पढ़ रहा हूँ। मैं 'रामचिरतमानस' उठा लेता हूँ। इससे शान्ति मिलेगी।

यों ही कोई पृष्ठ खोल लेता हूँ।

संयोग से 'लंका कांड' निकल पड़ता है।

मैं पढ़ता हूँ। अशोक वाटिका में त्रिजटा सीताजी को धीरज बँधाती है।

त्रिजटा को भी मेरी तरह सपना आया था।

त्रिजटा मुझसे अधिक देखती और समझती थी। उसे बहुत आगे दिखता था। वह कहती है :

यह सपना मैं कहौं विचारी।
हुइहै सत्य गए दिन चारी॥

लघुशंका न करने की प्रतिष्ठा

शेर जब जंगल के किसी कोने में आ जाए, तो चीता बकरी से पूछता है, "बहनजी, साहब के स्वागत के लिए और क्या-क्या इन्तजाम किया जाए?" बकरी सिवा इसके और क्या जवाब दे कि "साहब, बड़े शेर साहब को मेरे बच्चों का लजीज गोश्त पेश किया जाए। यदि शेर साहब को संगीत का शौक हो तो मैं 'में-में' की ध्वनि से उन्हें एंटरटेन कर सकती हूँ। यदि 'क्लासिकल' का शौक हो तो 'भैंसा' गा देगा। 'भैंसा' ध्रुपद बहुत अच्छा गाता है।"

बड़ा साहब 'स्टीम रोलर' होता है, जो डिपार्टमेंट के बड़े-छोटे का भेद मिटा देता है। सब समतल हो जाते हैं, क्योंकि सब डरे हुए होते हैं। डर भेद मिटाता है। प्रेम नहीं मिटाता। डर खुद प्रेम पैदा करता है। डूबने से बचने के लिए साहब चपरासी के पैर इस तरह पकड़ लेता है, जैसे वे भगवान के चरण हों!

बड़ा साहब दिल्ली से आ रहा है।

स्थानीय 'बॉस', जिसके पास जाते मातहत काँपते हैं, खुद इस बाबू के पास से उस बाबू के पास जाकर सलाह करता है, ''हार वगैरह सब बढ़िया हो गए हैं न? पार्टी का इन्तजाम ठीक हो गया न? मिसेज खन्ना के लिए गिफ्ट आ गया न?''

मिसेज खन्ना दिल्ली से आने वाले साहब की 'तथाकथित' धर्मपत्नी हैं—ऐसी डिपार्टमेंट में हवा है। हर डिपार्टमेंट में ऐसी स्वास्थ्यवर्द्धक हवा बहती रहती है। इससे हीनता और घुटन की बीमारी से बीमार कर्मचारियों के फेफड़े साफ होते हैं। वे कहते हैं, ''साला हम लोगों को अकड़ दिखाता है, मगर अपनी बीवी पर कंट्रोल नहीं है। वह छि:...'' (इसके आगे लिखे बिना भी विद्वान पाठक अपनी प्रतिभा से इस शुभ वाक्य को पूरा कर लेंगे।)

चीता बकरी और खरगोश के पास जाकर सलाह कर रहा है। बकरी चीते को शेर के 'डिनर' के लिए मेमने दे चुकी है—यानी बच्चों का पेट काट-काटकर साहब के स्वागत-खर्च के लिए तनखा में से चन्दा दे चुके हैं। सब सोचते हैं कि साहब क्वाँरा या रँडुआ होता तो कितना अच्छा होता। तब कम-से-कम मेम साहब के गिफ्ट के लिए पैसे न देने पड़ते। अभी भी चार दिन हैं। आदमी चाहे तो इतने में क्या रँडुआ नहीं हो सकता? सुना है, मेम साब एक बार नींद की ज्यादा दवाइयाँ खा चुकी हैं। सब भगवान के हाथ बात है। हे ईश्वर, उन्हें दुबारा नींद की ज्यादा गोलियाँ खिलवा दे! गिफ्ट के पैसे बचेंगे।

स्थानीय बॉस शर्मा साहब को फुरसत नहीं है। फाइलें तो ठीक हो ही गई हैं। जो कुछ भी गड़बड़ होगी, ठीक हो जाएगी, अगर बढ़िया पार्टी हो जाए। प्रोमोशन मेरा ड्यू है। चोपड़ा अड़ंगा लगा रहा है। कितनी बार वाइफ से कहा कि कोई संगीत-शाला चली जाया कर। कुछ सीख जाती तो आज स्वागत-गान गा देती। खन्ना साहब कितने खुश होते! यों खन्ना की नजर कुछ वैसी है। पर स्वागत-गान ही तो गाना था। कुछ और थोड़े ही था। खैर, इंट्रोड्यूस तो करवा ही दूँगा।

खन्ना साहब आ गए। दिन में मुआइना कर लिया। बहुत कुछ ठीक पाया। कुछ गड़बड़ भी पाया। पर शर्मा साहब आश्वस्त हैं। अभी साहब की पार्टी होने वाली है।

दफ्तर के विशाल अहाते में शामियाना, मंच, कुर्सियाँ और दरियाँ। मंच पर खन्ना साहब और मिसेज खन्ना। उनके दोनों तरफ शर्मा साहब और वर्मा साहब। सामने एक तरफ कुर्सियों पर छोटे अफसरों और क्लर्कों की बीवियों से घिरी मिसेज शर्मा।

शर्मा साहब हार और गुलदस्ते से खन्ना साहब का स्वागत करते हैं। फिर मिसेज शर्मा अपनी गोद का बच्चा बगल में बैठी बबुआइन को देकर मिसेज खन्ना का स्वागत करने पहुँचती हैं।

शर्मा साहब परिचय कराते हैं, ''शी इज माई गुड वाइफ।''

खन्ना साहब थोड़ी मदिरा में डूबे हैं। कहते हैं, ''यस, देअर आर ओनली टू टाइप्स ऑफ वाइव्ज—गुड वाइव्ज एंड बैड वाइव्ज। बट मिसेज शर्मा इज ए प्रेटी वूमेन!'' (हाँ, पत्नियाँ दो ही तरह की होती हैं—अच्छी और बुरी। पर मिसेज शर्मा सुन्दर स्त्री हैं।)

मिसेज खन्ना कहती हैं, ''मिस्टर शर्मा इज आल्सो एक हैंडसम मैन!'' (शर्मा भी खूबसूरत आदमी हैं।)

खन्ना और मिसेज खन्ना ले-देकर बराबर हो गए। हिसाब चुकता।

मिसेज शर्मा जब लौटती हैं, तो उनका कद एक फुट बढ़ गया है। इतनी औरतों में इतने बड़े साहब ने उन्हें 'प्रेटी' कह दिया। एक तो यों ही स्थानीय 'बॉस' की पत्नी, उस पर यह गौरव जो अभी मिला। उन्हें और भी गरिमामय और भी विशिष्ट हो जाना चाहिए। और वे होने की योजना बना रही हैं।

उधर कर्मचारियों का परिचय खन्ना साहब से कराया जा रहा है। शर्मा नाम पुकारते हैं। एक ढीले कल-पुर्जे का रोबट मंच की तरफ बढ़ता है। उधर कल-पुर्जे से लैस एक तने हुए रोबट से लुजलुजे हाथ मिलाता है। शर्मा उसका नाम और पद बताता है।

तना हुआ रोबट पूछता है, ''हाउ'र यू?''

ढीला रोबट जवाब देता है, ''वैरी वैल, थैंक यू सर!''

यही परिचय है।

खन्ना साहब एक वृद्ध बाबू से पूछ लेते हैं, ''कब रिटायर हो रहे हो?''

बाबू यह सुनकर दुनिया से ही रिटायर होने की हालत में आ जाता है। हाय, एक्सटेंशन नहीं मिलेगा? वह बेहोश होकर गिर पड़ता है।

चपरासियों से हाथ नहीं मिलवाए जाते, गो ऑर्डर निकल गया था कि चपरासी हाथ साफ करके आएँ।

तीन लड़कियों से स्वागत-गान करवाया गया। स्वागत-गान रेडीमेड होते हैं। काफिया तय रहता है। सिर्फ नाम ठूँसना पड़ता है।—'स्वागत खन्ना साहब तुम्हारा!' रेड्डी बड़े साहब हुए तो—'स्वागत रेड्डी साहब तुम्हारा!' और सूअर हुआ तो—'स्वागत शूकर देव तुम्हारा!'

इसके बाद कुछ तारीफ के भाषण।

फिर किसी ने प्रस्ताव किया कि कुछ संगीत भी हो जाए। आदमियों और स्त्रियों में खुसफुस होने लगी, ''तू जा न! तू ही क्यों नहीं चली जाती? शादियों में तो खूब गाती है।''

वह जवाब देती है, ''और तू भी तो मन्दिर में कीर्तन गाती है—मर्दों से आँखें लड़ाते हुए।''

दोनों में पटती नहीं।

आखिर एक साहसी अधेड़ स्त्री माइक पर पहुँची और गाने लगी, 'ए मालिक, तेरे बन्दे हम...' खन्ना साहब समझे कि गाने में उन्हीं को 'ए मालिक!' कहा जा रहा है, वे सन्तुष्ट हुए—डिसिप्लिन सेटिस्फेक्टरी।

फिर किसी ने घोषणा कर दी, "अब यशोदा देवी एक क्लासिकल गीत गाएँगी।"

आम विश्वास है कि कृष्ण की छेड़छाड़ के गाने क्लासिकल संगीत में होते हैं। तो गाने लगी यशोदा देवी अपनी माँ से सुना हुआ क्लासिकल गीत—'मुख से न बोले कान्हा, बाजूबन्द खोले!'

सब रस-विभोर हो गए। खन्ना साहब रस को स्थायी भाव बनाने के लिए कमरे में जाकर और दारू पी आए।

मैं मिसेज शर्मा को भूला जा रहा हूँ। खन्ना साहब ने उन्हें 'प्रेटी' कहा था। आसपास की औरतों में उनका रुतबा था। वे सब मातहत थीं।

मिसेज शर्मा एक से पूछती हैं, "आपका परिचय?"

दूसरी कहती हैं, "ये सावित्री बहन हैं—बड़े बाबू की पत्नी!"

मिसेज शर्मा कहती हैं, "आप हमारे घर नहीं आईं?"

सावित्री कहती हैं, "मैं जरूर आऊँगी बहनजी!"

यही बात गायत्री, सीता, रेखा, लेखा सबसे होती है।

"आप हमारे घर नहीं आईं?"

"अब जरूर आएँगी बहनजी!"

मातहतों की औरतें हैं तो उन्हें बड़े साहब की पत्नी के पास आना ही चाहिए। मिसेज शर्मा सब पर छाई हैं। उन सबको उनके घर आना चाहिए।

मिसेज शर्मा की गोद में बच्चा है। साहब का बच्चा है, इसलिए बबुआइनों को उसे खिलाना चाहिए। वे उसे खिलाती हैं, "अहा, कैसा अच्छा बेबी है! कितना खूबसूरत है!"

मिसेज शर्मा कहती हैं, "इसके 'डेडी' इसे बहुत चाहते हैं। और यह भी। देखो, बैठा यहाँ है, पर ध्यान डेडी की तरफ ही लगा है...तो आप हमारे घर कब आएँगी?"

"बस, इसी इतवार को आएँगी।"

"और तुम भी आओगी शोभा?"

"हाँ, बहनजी, मैं भी आऊँगी।"

मिसेज शर्मा अब बेटे को पुचकारती हैं। कहती हैं, "इसमें एक बात है। इसी छोटी उम्र से बहुत समझदार है। कभी गोद में या बिस्तर में पेशाब नहीं करता। पेशाब लगी हो, तो कोई इशारा कर देता है।"

बाकी औरतें हैरत में आ जाती हैं। क्यों न ऐसा लड़का हो! आखिर साहब का लड़का है। चाहे तो पेशाब करने के लिए ऋषि का कमंडल मँगवा सकता है।

बबुआइनें कहती हैं, ''बहनजी, ऐसा बच्चा विरला ही होता है जो इस उमर में गोद में या बिस्तर में पेशाब न करे।''

मिसेज शर्मा बेहद खुश हैं। वे कितनी विशिष्ट हैं!

समारोह समाप्त हो रहा है। स्त्रियाँ उठने की तैयारी में हैं कि बच्चा गोद में पेशाब कर देता है।

बबुआइनें सन्न रह जाती हैं। कहें तो भी क्या? मिसेज शर्मा का चेहरा फक् हो जाता है। उनका पानी उतर गया है। झेंपते हुए कहती हैं, ''ऐसा तो कभी नहीं हुआ। इतनी भीड़ देख घबरा गया होगा।''

बबुआइनें एक-दूसरे की तरफ देखती हैं। कहती हैं, ''हो जाता है बहनजी! बच्चा ही तो है।''

मिसेज शर्मा इस समय चपरासिन से भी हीन अनुभव करती हैं। लड़के ने पेशाब करके उनकी सारी महत्ता खत्म कर दी।

उठते-उठते बबुआइनें कहती हैं, ''हम आपके घर आएँगी बहनजी!''

मिसेश शर्मा कहती हैं, ''नहीं, हम ही आएँगी आपके यहाँ। हम सब एक हैं। इसमें कोई छोटे-बड़े का सवाल थोड़े ही है।''

बच्चे ने पेशाब करके समाजवाद की प्रक्रिया शुरू कर दी।

तीसरे दर्जे के श्रद्धेय

बुद्धिजीवी बहुत थोड़े में सन्तुष्ट हो जाता है। उसे पहले दर्जे का किराया दे दो ताकि वह तीसरे में सफर करके पैसा बचा ले। एकाध माला पहना दो, कुछ श्रोता दे दो और भाषण के बाद थोड़ी तारीफ—वह मान जाता है, इतने में। मैं भी विश्वविद्यालय में भाषण देकर सन्तुष्ट था। उस शहर से बीस मील इधर के स्टेशन से मैं तीसरे से पहले दर्जे में आ गया था, जिससे मेजबानों को बुद्धिजीवी को तीसरे दर्जे से उतारने की शर्म न झेलनी पड़े। मैं दरवाजे पर हैंडिल पकड़े तब तक खड़ा रहा, जब तक उन्होंने मुझे देख नहीं लिया। ऐसा हो चुका है कि स्वागतकर्ता मुझे पहले दर्जे में तलाश कर रहे हैं और मैं चुपचाप तीसरे दर्जे से उतरकर उनका इन्तजार कर रहा हूँ। जब वे मिलते हैं, तो दोनों पार्टियों को शर्म महसूस होती है। वे सोचते हैं, किस थर्ड-क्लासिये को बुला लिया। और मैं सोचता हूँ—इन्होंने मुझे पकड़ लिया। कभी मौका मिला तो नजर बचाकर प्लेटफार्म पर तीसरे दर्जे के सामने से

सरककर पहले के सामने आ जाता हूँ और फिर बाबू को टिकट इस तरह देता हूँ कि मेजबान जान न सके कि वह तीसरे दर्जे का है।

श्रद्धेय के भी दर्जे होते हैं। तीसरे दर्जे का श्रद्धेय प्रेरणा नहीं देता। वह शर्म देता है। गांधीजी की बात अलग थी। वे तीसरे को भी पहले दर्जे की महिमा दे देते थे। हम तो पहले दर्जे में बैठकर भी तीसरे की हीनता अनुभव करते हैं। सन्त और बुद्धिजीवी में यही फर्क है। मुझे विशेष सावधान रहना पड़ता है। पाठ्यक्रम में आ गया हूँ। कोर्स का लेखक हो गया हूँ। कोर्स का लेखक वह पक्षी है, जिसके पाँवों में घुँघरू बाँध दिये गए हैं। उसे ठुमककर चलना पड़ता है। ये आभूषण भी हैं और बेड़ियाँ भी। रायल्टी मिलने लगती है, तो जी होता है कि 'सत्साहित्य' ही लिखो, जिससे लड़के-लड़कियों का चरित्र बने। उसे आचार्यगण तुरन्त गले लगा लेंगे। परेशानी यही है कि 'सत्साहित्य' कुल आठ-दस वाक्यों में आ जाता है, जैसे—सत्य बोलो, किसी को कष्ट मत दो, ब्रह्मचर्य से रहो, परायी स्त्री को माता समझो, आदि।

एक तो बुद्धिजीवी, फिर कोर्स का बुद्धिजीवी—मुझे विशेष सावधान रहना पड़ता है। कितना ही प्रखर बुद्धिजीवी हो, अगर तीसरे दर्जे से उतरता हुआ देख लिया जाता है, तो उसका मनोबल घट जाता है। तीसरे दर्जे से उतरा और बुद्ध (नहीं, अबुद्ध) शाकाहारी होटल में ठहरा बुद्धिजीवी आधा बुझ जाता है। मैं मनोबल बनाए रखने के लिए पन्द्रह-बीस मील पहले तीसरे से पहले दर्जे में आ जाता हूँ और पेट चाहे पचा न सके, अच्छे मांसाहारी होटल में ठहरता हूँ। पहला दर्जा और गोश्त बुद्धिजीवी को प्रखर बनाते हैं।

लौटते में मैं तीसरे दर्जे में यह कहकर बैठ जाता हूँ कि पहला दर्जा रात को असुरक्षित रहता है। यही बुद्धिजीवी की मिश्रित अर्थव्यवस्था है, जो देश की मिश्रित अर्थव्यवस्था के अनुरूप ही है। देश के प्रति बुद्धिजीवी बहुत जागरूक है। वह पहले दर्जे से उतरता और तीसरे में चढ़ता है।

मेरे भाषण का विषय था—'आजादी के पच्चीस वर्ष'। सामने लड़कियाँ बैठी थीं, जिनकी शादी बिना दहेज के नहीं होने वाली थी। बैल की तरह मार्केट में उनके लिए पति खरीदना ही होगा। वर का बाप जचकी तक का खर्च जोड़कर ले लेगा। स्त्री के लिए अभी भी पत्नी के पद पर नौकरी सबसे सुरक्षित जीविका है। और लड़के बैठे थे, जिन्हें डिग्री लेने के बाद सिर्फ सिनेमाघर पर पत्थर फेंकने का काम मिलने वाला है। आजादी के पच्चीस वर्षों का यही हिसाब है। पर पिछले दो वर्षों से कहा जा रहा है कि देश में क्रान्ति हो रही है। बुद्धिजीवी इसे समझें और इस प्रक्रिया में सहयोगी बनें। बुद्धिजीवी को क्रान्ति की बात करने में क्या लगता है? वह सारा गुस्सा सरकार पर उतार देता है। इससे वाहवाही मिलती है, वह साहसी कहलाता है, लोकप्रिय होता है—मगर वह छद्म क्रान्तिकारिता है। ऐसा लेखक

सरकार पर नाटकीय हमले करके सारी क्रान्तिविरोधी बुर्जुआ ताकतों को बचा ले जाता है। इस तरह वह बुर्जुआ समर्थक हो जाता है। लुकाच का तो यही निष्कर्ष है। माँग है तो मैंने क्रान्तिकारिता की बात की। पहले दर्जे का किराया और पेट में मुर्गा बुद्धिजीवी को क्रान्तिकारी बना देता है। मुर्गा दिन में सबसे पहले क्रान्ति का आह्वान करता है। क्रान्ति की बाँग देता है और फिर घूड़े पर दाने बीनने लगता है। भारतीय बुद्धिजीवी का भी यही हाल है। क्रान्ति की बाँग, दाने पर दाने चुगना और हलाल होने का इन्तजार करना। यों दूध और कलाकन्द खाने वाले (नहीं, सेवन करने वाले) भी अपने को क्रान्तिकारी बुद्धिजीवी कहते हैं, पर मैं नहीं मानता।

लौटने के लिए स्टेशन पहुँचा तो टहलते हुए सोचने लगा—इन पच्चीस वर्षों ने क्या दिया? इस समय मेरी क्या चिन्ता है। क्या मैं क्रान्ति की बात सोच रहा हूँ? नहीं, मुझमें यात्रा की घबराहट है। बर्थ की घबराहट है। मैं बार-बार टिकट निकालकर देखता हूँ। आज का ही है? कहीं जाली तो नहीं है? रिजर्वेशन सही है कि नहीं? कोई भरोसा नहीं।

मुझे गाड़ी के समय ही चिन्ता है। मैं चिपका हुआ टाइम-टेबल देखता हूँ। कहीं ऐसा तो नहीं है कि गाड़ी निकल गई हो? टाइम-टेबल देखता हूँ। पर मुझे इस पर भरोसा नहीं। यह पुराना भी हो सकता है। मैं वहीं खड़े बाबू से पूछता हूँ। वह कहता है, "आपने अभी तो वह चिपका हुआ टाइम-टेबल देखा है!" मैं कहता हूँ, "चिपके का क्या भरोसा! पच्चीस सालों से क्या-क्या नहीं चिपका है इस देश में! संविधान के निर्देशक सिद्धान्त चिपके हैं। पर अमल नहीं। चिपका है गांधीजी का वाक्य—'स्वराज्य में हर आँख का आँसू पोंछा जाएगा।' मगर यही तय नहीं हो पा रहा है कि रुला कौन रहे हैं। पचपन करोड़ के हाथों में एक-एक रूमाल दे दिया गया है कि लो, एक दूसरे के स्वराज्य के आँसू पोंछो। चिपके कागज का क्या भरोसा! समाजवादी ढंग का नारा चिपका था, पर काम सब बेढंगा हो रहा था। फिर 'जनतांत्रिक समाजवाद' चिपक गया। फिर 'समाजवाद' चिपका। अब 'गरीबी हटाओ' चिपका है। मगर कीमतें बढ़ रही हैं। चिपके कागज का कोई भरोसा नहीं रह गया।"

बाबू मुझे गाड़ी का समय बताता है। पर मैं एक बाबू पर भरोसा नहीं करता। एक पर भरोसा करके नागपुर में भुगत चुका हूँ। उसने कहा था कि यह गाड़ी बैतूल रुकती है। पर बाद में मालूम हुआ कि नहीं रुकती। मैं दूसरे बाबू से पूछता हूँ। थोड़ा आश्वस्त होता हूँ।

मैं अब काले तख्ते पर देखता हूँ। लिखा है—'राइट टाइम'। मुझे भरोसा नहीं होता। कल का लिखा हो और मिटाया न गया हो! या कोई और गाड़ी 'राइट टाइम' हो लेकिन लिख इसके सामने दिया गया हो! मैं फिर दो बाबुओं से पूछता हूँ, जो कहते हैं कि गाड़ी 'राइट टाइम' है। फिर भी मुझे विश्वास नहीं होता। गाड़ी समय से पहले भी आ सकती है और लेट भी।

अब मुझे समय की चिन्ता लग गई है। रेलवे की घड़ी का भरोसा नहीं। महीनों बन्द पड़ी रहती हैं ये घड़ियाँ। अपनी घड़ी देखता हूँ, पर उस पर भी मुझे भरोसा नहीं। पता नहीं, कब चाबी दी! फिर इन घड़ियों का कोई ठिकाना है! मैं एक-दो लोगों से समय और पूछ लेता हूँ।

अब मैं प्लेटफार्म पर खड़ा गाड़ी का इन्तजार कर रहा हूँ। मैं जानता हूँ, गाड़ी पूर्व से आती है, पर मैं पश्चिम की तरफ भी देखता हूँ। दोनों तरफ से गाड़ी का इन्तजार करता हूँ। कोई ठिकाना नहीं है। पूर्व से आने वाली गाड़ी पश्चिम से भी आ सकती है।

सोचता हूँ—मुझे हो क्या गया है? इतना अनिश्चय, इतना अविश्वास! क्या आजादी के पच्चीस वर्षों ने यही अनिश्चय और अविश्वास की मानसिकता दी है हमारी पीढ़ी को? और यही हम आगामी पीढ़ी को विरासत में दे रहे हैं?

जिस रास्ते पर चल रहे हैं, वह 'समाजवाद मार्ग' है, पर ले कहीं और जा रहा है। महात्मा गांधी मार्ग पर सारे ठग रहते हैं। रवीन्द्र मार्ग पर बूचड़खाना खुला है। परीक्षा में कोई बैठता है, और पास दूसरा हो जाता है। सारे देश में शक्कर के दाम दो रुपए किलो निश्चित किए गए हैं, पर इस घोषणा के बाद ही उसका दाम चार रुपए से बढ़कर सवा-चार रुपए हो जाता है। सहकारी दुकान के सामने कतार लगी है और पीछे के दरवाजे से चीजें कालाबाजार में चली जा रही हैं। क्षेत्र में काम कोई करता है और टिकट दूसरे को मिल जाती है। हम किसी को महान भ्रष्टाचारी घोषित करते हैं और वह सदाचार-अधिकारी बना दिया जाता है।

अनिश्चय और अविश्वास!

दवा की शीशी पर नाम सही है, पर पता नहीं, क्या खा रहे हैं! 'हनुमानभक्त' मेरा एक मित्र कहता है, "अब आदमी पर भरोसा नहीं रहा। कुछ निश्चित नहीं है। अब तो हनुमानजी से प्रार्थना करते हैं कि अब के जब राम के काम से गन्धमादन जाओ तो हमारे लिए भी पेचिश की दवा लेते आना।"

गाड़ी आती है। तीसरे दर्जे के श्रद्धेय जब अपनी सुरक्षित बर्थ पर जाते हैं, तो देखते हैं कि वहाँ कोई दूसरा बिस्तर फैला रहा है।

भारत को चाहिए : जादूगर और साधु

हर 15 अगस्त और 26 जनवरी को मैं सोचता हूँ कि साल-भर में कितने बढ़े। न सोचूँ तो भी काम चलेगा—बल्कि ज्यादा आराम से चलेगा। सोचना एक रोग है। जो इस रोग से मुक्त हैं और स्वस्थ हैं, वे धन्य हैं।

यह 26 जनवरी, 1972 फिर आ गया। यह गणतंत्र-दिवस है, मगर 'गण' टूट रहे हैं। हर गणतंत्र-दिवस 'गण' के टूटने या नए 'गण' बनने के आन्दोलन के साथ आता है। इस बार 'आन्ध्र' और 'तेलंगाना' है। अगले साल इसी पावन दिवस पर कोई और 'गण' संकट आएगा।

इस पूरे साल में मैंने दो चीजें देखीं। दो तरह के लोग बढ़े—जादूगर और साधु बढ़े। मेरा अन्दाज था, सामान्य आदमी के जीवन के सुभीते बढ़ेंगे—मगर नहीं। बढ़े तो जादूगर और साधु-योगी। कभी-कभी सोचता हूँ कि क्या ये जादूगर और साधु 'गरीबी हटाओ' प्रोग्राम के अन्तर्गत ही आ रहे हैं? क्या इसमें कोई योजना है?

रोज अखबार उठाकर देखता हूँ। दो खबरें सामने आती हैं—कोई नया जादूगर और कोई नया साधु पैदा हो गया है। उसका विज्ञापन छपता है। जादूगर आँखों पर पट्टी बाँध स्कूटर चलाता है और 'गरीबी हटाओ' वाली जनता कामधाम छोड़कर, तीन-चार घंटे आँखों पर पट्टी बाँधे जादूगर को देखती हजारों की संख्या में सड़क के दोनों तरफ खड़ी रहती है। ये छोटे जादूगर हैं। इस देश में बड़े-बड़े जादूगर हैं, जो छब्बीस सालों से आँखों पर पट्टी बाँधे हैं। जब वे देखते हैं कि जनता अकुला रही है और कुछ करने पर उतारू है, तो वे फौरन जादू का खेल दिखाने लगते हैं। जनता देखती है, ताली पीटती है। मैं पूछता हूँ, "जादूगर साहब, आँखों पर पट्टी बाँधे राजनीतिक स्कूटर पर किधर जा रहे हो ? किस दशा को जा रहे हो—समाजवाद ? खुशहाली ? गरीबी हटाओ ? कौन-सा गन्तव्य है ?"

वे कहते हैं, "गन्तव्य से क्या मतलब ? जनता आँखों पर पट्टी बाँधे जादूगर का खेल देखना चाहती है। हम दिखा रहे हैं। जनता को और क्या चाहिए ?"

जनता को सचमुच कुछ नहीं चाहिए। मुझे लगता है, ये दो छोटे-छोटे जादूगर रोज खेल दिखा रहे हैं, इन्होंने प्रेरणा इस देश के राजनेताओं से ग्रहण की होगी। जो छब्बीस सालों से जनता को जादू के खेल दिखाकर खुश रखे हैं, उन्हें तीन-चार घंटे खुश रखना क्या कठिन है ! इसीलिए अखबार में रोज फोटो देखता हूँ—किसी शहर में नए विकसित किसी जादूगर की।

सोचता हूँ, जिस देश में एकदम से इतने जादूगर पैदा हो जाएँ, उस जनता की अन्दरूनी हालत क्या है ? वह क्यों जादू से इतनी प्रभावित है ? वह क्यों चमत्कार पर इतनी मुग्ध है ? वह जो राशन की दुकान पर लाइन लगाती है और राशन नहीं मिलता, वह लाइन छोड़कर जादू के खेल देखने क्यों खड़ी रहती है ?

मुझे लगता है, छब्बीस सालों में देश की जनता की मानसिकता ऐसी बना दी गई है कि जादू देखो और ताली पीटो। चमत्कार देखो और खुश रहो।

बाकी हम पर छोड़ो।

भारत-पाक युद्ध एक ऐसा ही जादू था। जरा बड़े 'स्केल' का जादू था, पर था जादू ही। जनता अभी तक ताली पीट रही है।

उधर राशन की दुकान की लाइन बढ़ती जा रही है।

देशभक्त मुझे माफ करें। पर मेरा अन्दाज है, जल्दी ही एक शिमला शिखरवार्ता और होगी। भुट्टो कहेंगे, "पाकिस्तान में मेरी हालत खस्ता। अलग-अलग राज्य बनना चाह रहे हैं। गरीबी बढ़ रही है। लोग भूखे मर रहे हैं।"

हमारी प्रधानमंत्री कहेंगी, "इधर भी गरीबी हट नहीं रही। कीमतें बढ़ती जा रही हैं। जनता में बड़ी बेचैनी है। बेकारी बढ़ती जा रही है।"

तब दोनों तय करेंगे—क्यों न पन्द्रह दिनों का एक और जादू हो जाए? चार-पाँच साल दोनों देशों की जनता इस जादू के असर में रहेगी (देशभक्त, माफ करें—मगर जरा सोचें)।

जब मैं इन शहरों के इन छोटे जादूगरों के करतब देखता हूँ तो कहता हूँ, "बच्चो, तुमने बड़े जादू नहीं देखे। छोटे देखे हैं तो छोटे जादू ही सीखे हो।"

दूसरा कमाल इस देश में साधु है। अगर जादू से नहीं मानते और राशन की दुकान की लाइन लगातार बढ़ रही है, तो लो, साधु लो।

जैसे जादूगरों की बाढ़ आई है, वैसे ही साधुओं की बाढ़ आई है। इन दोनों में कोई सम्बन्ध जरूर है।

साधु कहता है, "शरीर मिथ्या है। आत्मा को जगाओ। उसे विश्वात्मा से मिलाओ। अपने को भूलो। अपने सच्चे स्वरूप को पहचानो। तुम सत्-चित्-आनन्द हो।"

आनन्द ही ब्रह्म है। राशन ब्रह्म नहीं। जिसने 'अन्नं-ब्रह्म' कहा था, वह झूठा था। नौसिखिया था। अन्त में वह इस निर्णय पर पहुँचा कि अन्न नहीं, 'आनन्द' ही ब्रह्म है।

पर भरे पेट और खाली पेट का आनन्द क्या एक-सा है? नहीं है तो ब्रह्म एक नहीं, अनेक हुए। यह शास्त्रोक्त भी है—'एको ब्रह्म बहुस्याम!' ब्रह्म एक है पर वह कई हो जाता है। एक ब्रह्म ठाठ से रहता है, दूसरा राशन की दुकान की लाइन में खड़ा रहता है, तीसरा रेलवे के पुल के नीचे सोता है।

सब ब्रह्म-ही-ब्रह्म है।

शक्कर में पानी डालकर जो उसे वजनदार बनाकर बेचता है, वह भी ब्रह्म है और जो उसे मजबूरी में खरीदता है, वह भी ब्रह्म है।

ब्रह्म, ब्रह्म को धोखा दे रहा है।

साधु का यही कर्म है कि मनुष्य को ब्रह्म की तरफ ले जाए और पैसे इकट्ठे करे; क्योंकि 'ब्रह्म सत्यं जगन्मिथ्या।'

26 जनवरी आते-आते मैं यही सोच रहा हूँ कि 'हटाओ गरीबी' के नारे को, हटाओ महँगाई को, हटाओ बेकारी को, हटाओ भुखमरी को, क्या हुआ?

बस, दो तरह के लोग बहुतायत से पैदा करें :

जादूगर और साधु!

ये इस देश की जनता को कई शताब्दी तक प्रसन्न रखेंगे और ईश्वर के पास पहुँचा देंगे।

भारत-भाग्य-विधाता! हममें वह क्षमता दे कि हम तरह-तरह के जादूगर और साधु इस देश में लगातार बढ़ाते जाएँ।

हमें इससे क्या मतलब कि 'तर्क की धारा सूखे मरुस्थल की रेत में न छिपे' (रवीन्द्रनाथ), वह तो छिप गई। इसलिए जन-गण-मन अधिनायक! बस, हमें जादूगर और पेशेवर साधु चाहिए। तभी तुम्हारा यह सपना सच होगा कि हे परमपिता, उस स्वर्ग में मेरा यह देश जाग्रत हो (जिसमें जादूगर और साधु जन को खुश रखें)।

यह हो रहा है, परमपिता की कृपा से!

चूहा और मैं

यह कहानी स्टीन बेक के लघु उपन्यास 'ऑफ मेन एंड माउस' से अलग है। चाहता तो लेख का शीर्षक 'मैं और चूहा' रख सकता था, पर मेरा अहंकार इस चूहे ने नीचे कर दिया है। जो मैं नहीं कर सकता, वह मेरे घर का यह चूहा कर लेता है। जो इस देश का सामान्य आदमी नहीं कर पाता, वह इस चूहे ने मेरे साथ करके बता दिया।

इस घर में एक मोटा चूहा है। जब छोटे भाई की पत्नी थी, तब घर में खाना बनता था। इस बीच पारिवारिक दुर्घटनाओं—बहनोई की मृत्यु आदि—के कारण हम लोग बाहर रहे।

इस चूहे ने अपना यह अधिकार मान लिया था कि मुझे खाने को इसी घर में मिलेगा। ऐसा अधिकार आदमी भी अभी तक नहीं मान पाया। चूहे ने मान लिया है।

लगभग पैंतालिस दिन घर बन्द रहा। मैं जब अकेला लौटा, घर खोला, तो देखा कि चूहे ने काफी 'क्रॉकरी' फर्श पर गिराकर फोड़ डाली है। वह खाने की तलाश में भड़भड़ाता होगा। कॉकरी और डिब्बों में खाना तलाशता होगा। उसे खाना नहीं मिलता होगा, तो वह पड़ोस में कहीं कुछ खा लेता होगा और जीवित रहता होगा। पर घर उसने नहीं छोड़ा। उसने इसी घर को अपना घर मान लिया था।

जब मैं घर में घुसा, बिजली जलाई, तो मैंने देखा कि वह खुशी से चहकता हुआ यहाँ से वहाँ दौड़ रहा है। वह शायद समझ गया कि अब इस घर में खाना बनेगा, डिब्बे खुलेंगे और उसकी खुराक उसे मिलेगी।

दिन-भर वह आनन्द से सारे घर में घूमता रहा। मैं देख रहा था। उसके उल्लास से मुझे अच्छा ही लगा।

पर घर में खाना बनना शुरू नहीं हुआ। मैं अकेला था। बहन के यहाँ, जो पास में ही रहती है, दोपहर को भोजन कर लेता। रात को देर से खाता हूँ, तो बहन डिब्बा भेज देती रही। खाकर मैं डिब्बा बन्द करके रख देता। चूहाराम निराश हो रहे थे। सोचते होंगे—यह कैसा घर है। आदमी आ गया है। रोशनी भी है। पर खाना नहीं बनता। खाना बनता तो कुछ बिखरे दाने या रोटी के टुकड़े उसे मिल जाते।

मुझे एक नया अनुभव हुआ। रात को चूहा बार-बार आता और सिर की तरफ मच्छरदानी पर चढ़कर कुलबुलाता। रात में कई बार मेरी नींद टूटती। मैं उसे भगाता। पर थोड़ी देर बाद फिर आ जाता और मेरे सिर के पास हलचल करने लगता।

वह भूखा था। मगर उसे सिर और पाँव की समझ कैसे आई? वह मेरे पाँवों की तरफ गड़बड़ नहीं करता था। सीधे सिर की तरफ आता और हलचल करने लगता। एक दिन वह मच्छरदानी में घुस गया।

मैं बड़ा परेशान। क्या करूँ? इसे मारूँ और यह किसी अलमारी के नीचे मर गया, तो सड़ेगा और सारा घर दुर्गंध से भर जाएगा। फिर भारी अलमारी हटाकर इसे निकालना पड़ेगा।

चूहा दिन-भर भड़भड़ाता और रात को मुझे तंग करता। मुझे नींद आती, मगर चूहाराम फिर मेरे सिर के पास भड़भड़ाने लगते।

आखिर एक दिन मुझे समझ में आया कि चूहे को खाना चाहिए। उसने इस घर को अपना घर मान लिया है। वह अपने अधिकारों के प्रति सचेत है। वह रात को मेरे सिरहाने आकर शायद यह कहता है—क्यों बे, तू आ गया है। भर-पेट खा रहा है, मगर मैं भूखा मर रहा हूँ। मैं इस घर का सदस्य हूँ। मेरा भी हक है। मैं तेरी नींद हराम कर दूँगा। तब मैंने उसकी माँग पूरी करने की तरकीब निकाली।

रात को मैंने भोजन का डिब्बा खोला, तो पापड़ के कुछ टुकड़े यहाँ-वहाँ डाल दिए। चूहा कहीं से निकला और एक टुकड़ा उठाकर अलमारी के नीचे बैठकर खाने

लगा। भोजन पूरा करने के बाद मैंने रोटी के कुछ टुकड़े फर्श पर बिखरा दिये। सुबह देखा कि वह सब खा गया है।

एक दिन बहन ने चावल के पापड़ भेजे। मैंने तीन-चार टुकड़े फर्श पर डाल दिये। चूहा आया, सूँघा और लौट गया। उसे चावल के पापड़ पसन्द नहीं। मैं चूहे की पसन्द से चमत्कृत रह गया। मैंने रोटी के कुछ टुकड़े डाल दिये। वह एक के बाद एक टुकड़ा लेकर जाने लगा।

अब यह रोजमर्रा का काम हो गया। मैं डिब्बा खोलता, तो चूहा निकलकर देखने लगता। मैं एक-दो टुकड़े डाल देता। वह उठाकर ले जाता। पर इतने से उसकी भूख शान्त नहीं होती थी। मैं भोजन करके रोटी के टुकड़े फर्श पर डाल देता। वह रात को उन्हें खा लेता और सो जाता।

इधर मैं भी चैन की नींद सोता। चूहा मेरे सिर के पास गड़बड़ नहीं करता। फिर वह कहीं से अपने एक भाई को ले आया। कहा होगा—चल रे, मेरे साथ उस घर में। मैंने उस रोटी वाले को तंग करके, डराके, खाना निकलवा लिया है। चल, दोनों खाएँगे। उसका बाप हमें खाने को देगा, वरना हम उसकी नींद हराम कर देंगे। हमारा हक है।

अब दोनों चूहाराम मजे में खा रहे हैं।

मगर मैं सोचता हूँ—आदमी क्या चूहे से भी बदतर हो गया है? चूहा तो अपनी रोटी के हक के लिए मेरे सिर पर चढ़ जाता है, मेरी नींद हराम कर देता है—इस देश का आदमी कब चूहे की तरह आचरण करेगा?

राजनीति का बँटवारा

सेठजी का परिवार सलाह करने बैठा है। समस्या राष्ट्रीय है। आखिर इस राष्ट्र का होगा क्या?

नगर निगम के चुनाव होने वाले थे और समस्या यह थी कि किस पार्टी के हाथ में निगम जाता है।

सेठजी का परिवार कई करोड़ वाला है। सब देशभक्त हैं। परिवार के वयोवृद्ध भैयाजी पाँच साल स्वाधीनता-संग्राम में जेल हो आए थे। वे 'राष्ट्रपिता' बनना चाहते थे, पर गांधीजी ने उन्हें नहीं बनने दिया। इस कारण वे गांधीजी से नाराज हो गए हैं। कहते हैं, ''एक बनिए ने दूसरे बनिए को राष्ट्रपिता नहीं बनने दिया। खैर, चौराहे पर मेरी मूर्ति की स्थापना तो हो ही रही है।''

अब कई एजेंसियाँ परिवार ने ले रखी हैं। कई चीजों के स्टाकिस्ट हैं। इस कारण देशभक्ति और बढ़ गई है। आखिर देश के धन की रक्षा भी तो करनी है। राष्ट्र-प्रेम

में कमी नहीं है। पर बिजनेस की भी एक नैतिकता होती है। यह नैतिकता है—चुंगी चोरी, स्टाक दबाना, मुनाफाखोरी करना, ब्लैक से देश का माल बेचना। अभी चन्दा करके वयोवृद्ध देशभक्त भैयाजी ने शहीदों की स्मृति में कई लाख का 'बलिदान मन्दिर' बनवाया है, जिसमें से काफी चन्दा खा गए। लोगों ने शक की आवाज उठाई तो भैयाजी ने कहा, ''हर धन्धे में कमीशन मिलता है। जब शहीदों ने खून दिया तो मैंने, जिसने खून नहीं दिया, यदि चन्दे में से कमीशन नहीं खाया, तो स्वर्ग में शहीदों की आत्मा को कितना कष्ट होगा? वे तो मर गए। पर मैं जीवित हूँ। तो 'अमर शहीद' तो मैं ही हुआ न! वे तो 'अमर शहीद' नहीं हुए।''

तो परिवार राष्ट्रीय समस्या पर विचार कर रहा है : किस पार्टी का निगम बनेगा? चुंगी की चोरी कैसे होगी?

भैया जी बड़े होशियार हैं। जब आखिरी बार जेल जाने लगे तो छोटे भाई से कह गए, ''दस हजार रुपया अंग्रेज कलेक्टर को ब्रिटिश वार फंड में दे देना। बहुत करके इस लड़ाई के खत्म होते-होते स्वराज्य मिल जाएगा। तब मैं तो हूँ ही। पर मान लो, अंग्रेज कुछ साल नहीं गए, तो तुम्हारे नाम की 'वार फंड' की रसीद है ही। दोनों पक्ष सँभालना चाहिए। स्वराज्य हुआ तो मैं—अंग्रेज रहे तो तुम!''

भैयाजी फिर बोले, ''यदि नगर निगम कांग्रेस के हाथ में आया तो मैं तो हूँ ही। मैं अपने त्याग और वयोवृद्ध सम्मान से चुंगी-चोरी प्रतिष्ठापूर्वक करवा दूँगा। वैसे यह घोर अन्तर्राष्ट्रीय कर्म है कि जो जेल गए, वहाँ 'सी' में नहीं 'ए' क्लास में रहे, उनके परिवार के माल पर चुंगी लगे। यह राष्ट्र-विरोधी आचरण है। मैं संसद में इस सवाल को उठवाऊँगा। इन 'सी' क्लासियों की हरकत नहीं चलने पाएगी।''

एक भतीजा पढ़ा-लिखा था। जवान था। राजनीति में वंश-परम्परा के प्रतिकूल एम.ए. करके शोध कर रहा था। वाचाल था।

कहने लगा, ''पर काकाजी, जेल में 'ए' क्लास में मजे-ही-मजे हैं। जो भी 'ए' क्लास में गए, उनमें से कई ने किताबें लिखीं। आपने भी तो हजारों पृष्ठ लिखे थे!''

भैयाजी विनम्रता से बोले, ''मैं तो निमित्त हूँ। देवी सरस्वती ने लिखवाया, तो मैंने लिख दिया।''

भतीजे ने कहा, ''पर काकाजी, लोग कहते हैं कि यह सब आपने नहीं लिखा। किसी से लिखवाया है।''

भैयाजी ने कहा, ''बेटा, किसी कवि ने कहा है :

कारागार-निवास स्वयं ही काव्य है,
कोई कवि बन जाए सहज सम्भाव्य है।''

यह भतीजा परिवार में विद्रोही माना जाता है। कहता है, ''मैं इस धन और प्रतिष्ठा के मलबे के नीचे दबकर नहीं मरूँगा। मैं शोध करके नौकरी करूँगा। पर

जब लोग यह कहते हैं कि आपने नहीं लिखा, दूसरे से लिखवाया है तो मुझे बड़ी शर्म आती है।''

भैयाजी ने कहा, ''तू जवाब दे दिया कर।''

लड़के ने कहा, ''जवाब तो मैं दे लेता हूँ। मैं कह देता हूँ—मैं निश्चित रूप से कह देता हूँ कि यह आपने ही लिखा है; क्योंकि हिन्दी में इतना घटिया लिखने की प्रतिभा किसी और में नहीं है।''

भैयाजी लाल हो गए। छोटे भाई से कहा, ''तुम्हारा लड़का नक्सलवादी हो गया है। वही लोग बुजुर्गों से ऐसी बदतमीजी करते हैं। इस लड़के को कहीं दूर होस्टल में रखो।''

तीसरे भाई ने कहा, ''भाईजी, पर राष्ट्रीय समस्या तो छूटी जा रही है। चुंगी-चोरी कैसे होगी? अभी तो हम निगम की सीमा के बाहर डिपो बनाए हुए हैं और रात को चोरी से स्टाक ले आते हैं। कुछ खिला-पिला देते हैं। दारू की एक बोतल में नाके का मुंशी मान जाता है। वह बेहोश हो जाता है और हम काम कर लेते हैं।''

भैयाजी ने कहा, ''यह मार्ग उचित नहीं है। गांधीजी ने सत्य पर जोर दिया है। जो हो, सत्य के मार्ग से हो। दिन में हो, उजाले में हो। यदि कांग्रेस का कब्जा निगम पर हो गया तो मैं तो हूँ ही। सत्य के मार्ग पर ही चलूँगा।''

बड़े भतीजे ने, जिसने परिवार की नैतिकता मान ली थी, कहा, ''पर यदि जनसंघ का कब्जा हो गया, तो?''

भैयाजी बोले, ''जनसंघ से मेरी पट जाती है। वे भी गौ-भक्त, मैं भी गौ-भक्त। पिछली बार जब मैंने गौ-रक्षा के लिए अनशन किया था तो उन्होंने मेरे खिलाफ उम्मीदवार खड़ा नहीं किया था। वे भी हिन्दी-प्रेमी, मैं भी। वे भी राष्ट्रीय, मैं भी राष्ट्रीय। उनका निगम हो गया, तो गांधीजी के सत्य के अनुसार मैं दिन में ही ट्रक बुलवा दूँगा।''

वही वाचाल युवक भतीजा बोला। भैयाजी गुस्से से देखने लगे। उसने कहा, ''पर कहीं ये कम्युनिस्ट जोड़-तोड़ करके निगम पर हावी हो गए तो?''

भैया साब गर्म हो गए, ''ये कम्युनिस्ट? गद्दार, साले हरामजादों को देख लूँगा। सबको जेल भेज दूँगा।''

वाचाल भतीजा, जो मलबे के नीचे दबकर नहीं मरना चाहता था, बोल उठा, ''काकाजी, गांधीजी ने बार-बार कहा था कि कटु मत खोलो। मीठा बोलो। आप गांधीवादी हैं, पर 'साले' और 'हरामजादे' शब्दों का प्रयोग करते हैं।''

भैयाजी ने कहा, ''तू बच्चा है। गांधीजी ने वह बात पंडित नेहरू और सरदार पटेल के लिए कही थी कि मीठी बातें आपस में किया करो। हम लोगों के

लिए नहीं कही थी। हम लोग तो अपने विरोधी की माँ–बहन पर भी उतर सकते हैं। गांधी–मार्ग बड़ा विराट मार्ग है। ये कम्युनिस्ट देशद्रोही हैं।''

वाचाल लड़का चुप नहीं रहा। बोला, ''काकाजी, ये कम्युनिस्ट जब रूस, चेकोस्लोवाकिया, क्यूबा वगैरह में देशद्रोही नहीं हैं, तो अपने देश में ही देशद्रोही क्यों हैं?''

भैयाजी ने कहा, ''यह इस देश की विशिष्ट संस्कृति के कारण है।''

लड़का बोला, ''तो काकाजी, अपनी देशद्रोह की संस्कृति है?''

अब भैयाजी को बरदाश्त नहीं हुआ। उन्होंने लड़के को डाँटा, ''तू मूर्ख है। इसी वक्त यहाँ से उठ और कमरे में जाकर उस कचरे को पढ़ जिसे तू 'पोलिटिकल साइंस' कहता है। हमने भी जीवन–भर राजनीति की है। चालीस साल हो गए, पर राजनीति को हमने कभी विज्ञान नहीं, 'कला' कहा। फिर आजादी के बाद राजनीति को कलाबाजी कहने लगे। अब तू इसी उम्र में राजनीति को विज्ञान कहने लगा? जा, भाग यहाँ से!''

अब राष्ट्रीय समस्या आगे बढ़ी।

एक भाई ने कहा, ''यदि निगम पर सोशलिस्ट पार्टी का कब्जा हो गया तो?''

भैयाजी ने कहा, ''ये समाजवादी हुल्लड़ करते हैं। मैं निगम भंग करवा दूँगा।''

भाई ने कहा, ''मान लो, भंग नहीं हुई तो?''

भैयाजी ने कहा, ''मैं सोचता हूँ।''

बड़े भतीजे ने कहा, ''मान लो, चीन ने हमला करके निगम कर कब्जा कर लिया तो?''

भैयाजी ने कहा, ''मुझे सोचने दो।''

तभी भाई ने कहा, ''मान लो, संगठन कांग्रेस का शासन हो गया तो?''

भैयाजी ने कहा, ''उसकी चिन्ता मत करो। आखिर मैं भी तो संगठन कांग्रेसी ही हूँ। यह अलग बात है कि इंदिरा गांधी के वोट खींचने की ताकत के कारण इधर हूँ और समाजवाद में विश्वास बतलाता हूँ।''

सारी राष्ट्रीय समस्याएँ सामने आ गईं।

अब वयोवृद्ध देशभक्त आँखें बन्द करके चिन्तन में लग गए।

फिर आँखें खोलीं। आँखों में दैवी ज्योति थी।

भैयाजी ने कहा, ''मेरी पवित्र आत्मा से समस्या का समाधान निकल आया। तुममें से हर एक एक–एक पार्टी के सदस्य हो जाओ।''

''मैं कांग्रेस में हूँ और संगठन कांग्रेस में भी।''

''तुम छोटे, जनसंघ के सदस्य हो जाओ।''

फिर बड़े भतीजे से कहा, ''तुम समाजवादी पार्टी के सदस्य हो जाओ।''

फिर छोटे भतीजे से कहा, ''तुम कम्युनिस्ट हो जाओ।''

सबसे छोटे भाई से कहा, ''तुम मार्क्सवादी पार्टी में शामिल हो जाओ। और वह बिगड़ा लौंडा जो है, वह नक्सलवादी हो ही गया है।''

परिवार ने सन्तोष की साँस ली।

भैयाजी खुश थे। कहने लगे, ''देखा तुमने ? राजनीतिक ज्ञान इसे कहते हैं। अब अपने घर में सब पार्टियाँ हो गईं। किसी का भी नगर निगम हो, चुंगी-चोरी पक्की। हमने सारी पार्टियों को तिजोरी में बन्द कर लिया है।''

धोबिन को नहिं दीन्हीं चदरिया

पता नहीं, क्यों भक्तों की चादर मैली होती है! जितना बड़ा भक्त, उतनी ही मैली चादर। शायद कबीरदास की तरह 'जतन' से ओढ़कर चदरिया को 'जस की तस' धर देते हैं :

दास कबीर जतन से ओढ़ी
धोबिन को नहिं दीन्हीं चदरिया!

अभी जो भक्त किस्म के वयोवृद्ध मेरे पास आए थे, उनकी चादर भी बेहद मैली थी। उनसे मेरा दो-चार बार का परिचय था। अचानक वे आ गए। मुझे अटपटा लगा—ये मेरे पास क्यों आ गए?

मुझे उनके परिचितों ने बताया था कि ये पहले सरकारी नौकरी में थे। ड्यूटी पर दुर्घटना में इनको चोट पहुँची। विभाग ने इलाज करवाया और छह हजार रुपया हरजाना दिया। अब ये रिटायर हो गए हैं। लाख रुपये से कम सम्पत्ति नहीं है। जमीन

भी है। मकान है। एक किराये पर है। पेंशन भी मिलती है। घर में दो प्राणी हैं—पति-पत्नी। कोई कष्ट नहीं है। भजन-पूजन में लगे रहते हैं। भगवान से लौ लगी है। आदमी तुच्छ हैं। पड़ोस में कोई मर रहा हो तो देखने भी नहीं जाएँगे। बड़े शान्तिमय, निर्मल आदमी हैं, क्योंकि लौ दुनिया से नहीं, परमेश्वर से लगी है।

घर में खाने-पीने का सुभीता हो, जिम्मेदारी न हो, तो सन्त और भक्त होने में सुभीता होता है। अभी साईं बाबा की मृत्यु की वर्षगाँठ पर सात दिनों तक यहाँ समारोह हुआ। दिन-रात चौबीसों घंटे लगातार लाउडस्पीकर पर ऊँचे स्वर पर भजन और 'जै' होती रही थी। मोहल्ले के छात्र-छात्राएँ पीड़ित। बीमार लोग मौत का इन्तजार करते थे। दिन-रात कोलाहल। पढ़ें कब? नींद कब आए?

साईं बाबा मानव-कल्याण के आकांक्षी थे। उनकी आत्मा स्वर्ग में बहुत तड़प रही होगी।

हजारों—यानी पचास-साठ हजार तो खर्च हुए ही होंगे। ये आए कहाँ से, पूछना फालतू है। अन्तिम दिन भंडारे में ही तीन हजार लोगों ने भोजन किया होगा। यह सब चन्दे का पैसा। एक भजन बार-बार बजता :

दर्शन दे दे अम्बे मैया
जियरा दर्शन को तड़पे।

मैंने सोचा, इसे ऐसा भी गा सकते हैं :

दर्शन दे दे चन्दा मैया
जियरा खाने को तड़पे।

मैं एक दिन गया, यह देखने कि इस पतित समाज में ऐसे भक्त कौन हो गए हैं। पर मुझे जो कुछ प्रमुख 'साईं-भक्त' मिले, वे महान थे। किसी पर गबन का मुकदमा चल रहा है। कोई सस्पेंड अफसर है। किसी की विभागीय जाँच हो रही है। मुनाफाखोर, मिलावटी। आदमी का खून उसके 'कल्याण' के लिए चूसने वाले। अफसरों को घूस खिलाने का धन्धा करने वाले। पीले पत्रकार। राजनीति में वनवास भोगने वाले आधुनिक 'राम' जो दशरथ की आज्ञा से नहीं, जनता के खदेड़ देने से वनवास भुगत रहे हैं। फिर वे लोग जिनका धन्धा ही है चन्दा उगाहना किसी बहाने से और उसे पेट में डाल लेना।

मैंने सोचा—एक मैं पापी और इतने ये भक्त! मैं भक्तों के सामने से झेंपकर भाग आया।

फिर सोचा—साईं बाबा जीवित होते और ये उनके पास जाते। वे सन्त थे, ज्ञानी थे, अन्तर के रहस्य को, चरित्र को समझ लेते थे। वे इन्हें समझ लेते। ये आशीर्वाद माँगते, तो साईं बाबा कहते, 'परम पापी, देह के लिए बहुत कर चुके। अब देह-त्याग करो और नर्क के लिए बिस्तर बाँधो। वहाँ रिजर्वेशन मैं करा देता हूँ।'

तो मुझे भक्त से बड़ा डर लगता है। पर ये भक्त घर में आ गए। कबीर की 'धोबिन को नहिं दीन्हीं चदरिया' की गन्ध लेकर।

बैठते ही 'रामधुन' गाने लगे। फिर कहने लगे, "आप तो स्वयं ज्ञानी हैं। ब्रह्म ही सत्य है। जगत मिथ्या है। माया शत्रु है। किसी को माया के जाल में नहीं फँसाना चाहिए। मैंने माया त्याग दी है। अब बस, प्रभु हैं और मैं हूँ। लोभ, मोह, स्वार्थ—सबसे मुक्त।"

फिर वे 'हरे राम, हरे कृष्ण' गाने लगे।

मुझे परेशानी तो हुई, पर अच्छा भी लगा कि एक विरागी भक्त की चरण-रज मेरे घर में पड़ रही है।

मैंने उन्हें भोजन कराया। बड़ी रुचि से उन्होंने इस असार देह में काफी भोजन डाला।

फिर सो गए।

शाम को बात शुरू हुई।

भजन और हरि-स्मरण स्थगित हो गया। बीच-बीच में वे 'हे राम' कह लेते थे।

कहने लगे, "ड्यूटी पर घायल होने का मुआवजा मुझे सिर्फ छह हजार रुपए दिया गया।"

मैं चौंका—माया सन्त के भीतर से कैसे निकल पड़ी? कहाँ छिपी थी? दिनभर ये माया को कोसते रहे और अब छह हजार के मुआवजे की बात कर रहे हैं! माया सचमुच बड़ी ठगनी होती है।

फिर बोले, "मैंने पन्द्रह हजार का मुकदमा दायर किया था, पर अभी मैं हाई कोर्ट से केस हार गया।"

फिर उन्होंने एक कागज निकाला। बोले, "यह मैंने राष्ट्रपति को पत्र लिखा है। इसे देखिए।"

मैंने पत्र पढ़ा। तमाम अनर्गल बातें थीं। मुख्य बात जो लिखी थी, वह यह थी, 'मैं ईश्वरभक्त हूँ। मनुष्य मेरे साथ न्याय नहीं कर सकता। मैं पन्द्रह हजार रुपए चाहता था, पर हाई कोर्ट ने मेरी माँग नामंजूर कर दी। जज लोग भी मनुष्य होते हैं। राष्ट्रपति महोदय, मेरा बयान ब्रह्मा, विष्णु, महेश के सामने होगा। अब इसका प्रबन्ध कीजिए।'

मैंने कहा, "जब माया आपने त्याग दी है, तो इतनी माया आप और क्यों चाहते हैं?"

उनका जवाब था, "मैंने माया त्याग दी, पर माया मुझे फँसाए है। वह कहती है—पन्द्रह हजार लो।"

मैंने कहा, "आप खुद माया के फन्दे में पड़ रहे हैं। इसे काट डालो निर्लोभ के चाकू से।"

वे कहने लगे, "कुछ भी हो, मैं राष्ट्रपति से न्याय करवाऊँगा। ब्रह्मा, विष्णु, महेश न्यायाधीश होंगे। तीनों को राष्ट्रपति बुलाएँ। मैं अपना केस उनके सामने ही रखूँगा।"

मैंने कहा, "पृथ्वी और स्वर्ग में डाक-तार सम्बन्ध अभी नहीं है। राष्ट्रपति ब्रह्मा, विष्णु, महेश को 'सम्मन' कैसे भेजेंगे? वे देव यहाँ नहीं आ सकते। एक ही रास्ता है।"

वे बोले, "क्या?"

मैंने कहा, "आपको साथ लेकर राष्ट्रपति स्वर्ग जाएँ और ब्रह्मा, विष्णु, महेश के सामने आपका केस रखें।"

वे बोले, "मुझे भी जाना पड़ेगा?"

मैंने कहा, "हाँ। फिर वहाँ से कोई वापस नहीं लौटता। फिर पन्द्रह हजार का 'क्लेम' मान भी लिया गया तो 'पेमेंट' पृथ्वी पर होगा या वहाँ होगा? पुनर्जन्म अगर होता हो तो कोई कुत्ता, कोई सूअर बना दिया जाता है। कोई ठिकाना है, आप क्या बना दिए जाएँ! तब वे पन्द्रह हजार किस काम के?"

वे कहने लगे, "यानी मुझे भी जाना पड़ेगा?" (घबराहट)

मैंने कहा, "हाँ, वरना बयान कौन देगा? फिर स्वर्ग में सुख-ही-सुख है। आप तो विरागी हैं! वहीं रहिए।"

वे चिन्तित हुए। भजन बन्द हो गए। 'हरे राम, हरे कृष्ण' बन्द। कहने लगे, "बात यह है कि इस पृथ्वी पर कुछ साल रहना है। कुछ काम भी करने हैं। देह छोड़ने की इच्छा नहीं है।"

मैंने कहा, "बहुत रह लिये। देह तो पाप की खान है। पाप छूट जाए तो क्या हर्ज है? पर एक बात है।"

उन्होंने पूछा, "क्या?"

मैंने कहा, "राष्ट्रपति आपके साथ ब्रह्मा, विष्णु, महेश के पास नहीं जाएँगे। मैं भी नहीं चाहता। कोई भी नहीं चाहता। आपको अकेले ही जाना होगा। राष्ट्रपति चिट्ठी शायद लिख दें।"

वे बोले, "मेरा खयाल था कि मेरी इस चिट्ठी से राष्ट्रपति का दिल पिघल जाएगा और वे बाकी नौ हजार मुझे दिलवा देंगे। मेरा आग्रह यह नहीं है कि वे ब्रह्मा, विष्णु, महेश के पास जाएँ। बस, नौ हजार और दिलवा दें।"

मैंने कहा, "इस चिट्ठी को राष्ट्रपति का सचिव फाड़कर फेंक देगा और कलेक्टर को सूचित करेगा कि इस आदमी का दिमाग खराब हो गया है। इस पर निगरानी रखी जाए। कहीं कोई अपराध न कर बैठे।"

वे घबराए। कहने लगे, "अरे बाप रे, ऐसा होगा? मेरे पीछे पुलिस पड़ जाएगी?"

मैंने कहा, "ऐसा ही होता है। कानून है।"

भक्ति उतर गई। परमेश्वर उनके अपरिचित हो गए। ब्रह्मा, विष्णु, महेश कोई हैं, यह वे भूल चुके थे।

मेरा खयाल था, ये अध्यात्म में चले गए हैं और इनका दिमाग भी गड़बड़ हो गया है।

पर मेरा अन्दाज गलत था। वे सामान्य ही थे।

उन्होंने कहा, ''तो यह पत्र राष्ट्रपति को न भेजूँ?''

मैंने कहा, ''कतई नहीं।''

वे बोले, ''आप कहते हैं, तो न भेजूँगा। पर आपसे बात करनी है। बहुत प्राइवेट है।''

भजन बन्द। राम, कृष्ण कोई नहीं। ब्रह्मा, विष्णु, महेश को वे भूल चुके थे। नर्क में भी हों तो कोई मतलब नहीं। मैंने कहा, ''कमरे में मैं और आप दोनों हैं। जो बात करनी है, बेखटके करें।''

अब उनका ईश्वर कहीं खो गया था। मिल नहीं रहा था। नौ हजार चेतना में ईश्वर की खाली 'सीट' पर बैठ गया था।

वे भक्त जरूर रहे, पर चादर में से बदबू कम आने लगी थी।

कहने लगे, ''अब तो यह मामला दिल्ली में ही तय होगा। आप दिल्ली जाते ही रहते हैं। कई संसद-सदस्यों से आपके अच्छे सम्बन्ध हैं। सुना है, मंत्रियों से भी आपके सम्बन्ध हैं। आप कोशिश करें तो मामला तय हो सकता है। मुझे बाकी नौ हजार मिल सकते हैं।''

मैंने कहा, ''मैं कोशिश करूँगा, जरूर कहूँगा कि आपका नौ हजार, जिसे आप अपना 'क्लेम' कहते हैं, आपको मिल जाए।''

वे कहने लगे, ''बस, मुझे सिर्फ आपका भरोसा है। इसीलिए मैं आया था। मैं ईश्वर को और आपको—दो को मानता हूँ। आप भी करुणासागर हैं।''

चादर की बदबू और कम हो गई थी।

मैंने कहा, ''मगर आपके परम हितैषी ब्रह्मा, विष्णु, महेश कुछ नहीं कर पाएँगे नौ हजार दिलवाने में?''

वे बोले, ''उसे छोड़िए। आप ही मेरे ब्रह्मा, विष्णु, महेश हैं। आप ही यह काम करवाइए।''

चन्दन पुँछ गया था।

जो हर क्षण ईश्वर का नाम लेते थे, वे अब एक बार भी ईश्वर की याद नहीं कर रहे थे।

कहने लगे, ''बस, मामला मैंने आप पर छोड़ दिया। आपके बड़े-बड़े 'सोर्स' हैं। आप यह काम करवा ही देंगे। अब मेरी गाड़ी का समय हो रहा है। मैं चलता हूँ।''

मैंने पूछा, "भोजन?"

वे बोले, "भोजन तो मैं स्वास्थ्य के खयाल से एक ही बार करता हूँ।"

मैंने भानजे से कहा, "इनके लिए स्टेशन तक का रिक्शा करा दो। रिक्शे वाले को किराया तुम ही देना।"

वे बोले, "अरे, आप कैसी बात करते हैं? आप रिक्शे का किराया देंगे?"

मैंने कहा, "हाँ, आप मेरे घर आए। कृपा की। आप मेरे मेहमान हैं। मेरा कर्तव्य है यह।"

रिक्शे में बैठे थे। भानजे से कहा, "बेटा, तुम जरा यहाँ से चले जाओ।"

भानजा चला गया।

तब उन्होंने मेरे कान में कहा, "अगर आपने नौ हजार दिलवा दिये, तो तीन हजार मैं आपको दे दूँगा। वन थर्ड।"

मुझे बिजली का झटका लगा। इनके मन में मेरी क्या छवि है!

भक्ति, सन्तत्व, निर्लोभ, मायाहीनता, विराग, मिथ्या जीवन से हम कहाँ तक आ गए थे!

मैंने उन्हें जवाब नहीं दिया।

रिक्शे वाले से कहा, "तुम्हें किराया मिल गया। गाड़ी का टाइम हो रहा है। फौरन स्टेशन पहुँचाओ।"

मैंने उनकी 'नमस्कार' का जवाब भी नहीं दिया। मुझे होश नहीं था। फिर कमरे में बैठकर सोचता रहा कि ये भक्त, सन्त मुझे कैसा समझते हैं?

ये मुझे नहीं, जमाने के चरित्र को समझते हैं।

चदरिया गन्दी ओढ़ते हैं।

जस-की-तस रखना चाहते हैं। जीवन-भर वही चदरिया, उसी ढंग से ओढ़ गए। पर जाते वक्त बदबू काफी कम थी :

दास कबीर जतन से ओढ़ी
धोबिन को नहिं दीन्हीं चदरिया!

देश के लिए दीवाने आए

देश के लिए दीवाने आ गए। दोपहर को दो बजे। सुबह आठ से ग्यारह बजे तक मैं लिखने-पढ़ने की जगह से उठता नहीं। फिर दो घंटे बाहर निकलता हूँ। दोस्तों से मिलता हूँ। कोई दोस्त न मिले तो बस-स्टेशन के पास ही पुलिया पर बैठकर बसें, कारें और रिक्शे ही देखता रहता हूँ। भुनी मूँगफली खाता हूँ। फिर भोजन करके एक घंटे आराम। फिर तीन से सात बजे तक लिखना-पढ़ना-सोचना। फिर सात से नौ बजे रात तक दोस्तों के साथ आपस में चर्चा, हँसी-मजाक, बिना वर्जना के एक-दूसरे की टाँग खींचना। और यह सब खुले में। लोगों के सामने। सबका मन चैन पाता है। राशन का झोला लोग भूल जाते हैं। बड़ा आनन्द होता है।

पर आज दोपहर दो बजे जब मैं रेडियो से वार्त्ता रिकॉर्ड कराके लौटा और भोजन करने बैठने ही वाला था कि एक सज्जन रिक्शे में पधार गए। साथ में रिक्शा वाला और अंग-रक्षक यानी चमचा। दरवाजे पर दस्तक दी। मैं उनसे दो-एक बार चार-पाँच मिनट मिल चुका था। मैं पहचान गया।

मैंने देखा—वे नशे में धुत्त थे। न जाने कितनी पी ली थी। चमचा ठीक था। उसने एक बूँद नहीं ली थी।

कहने लगे, ''ग्यारह रुपए खर्च किए हैं, आपका मकान ढूँढ़ने में।''

मैंने दरवाजा खोले बिना कहा, ''मुझे धिक्कार है कि पच्चीस साल से शहर में हूँ। आधा शहर तो कम-से-कम जानता है। आपको मेरे पते में ग्यारह रुपए लग गए। ये आप मुझसे लीजिए और कहीं होटल में आराम करिए।''

रिक्शे वाला मुझे जानता था। उसने बारीक इशारा किया ग्यारह रुपए ले लेने का। मैंने उसे ग्यारह का इशारा और कर दिया।

मैं जानता हूँ, उन्हें 'डाउन' समझकर रिक्शे वाले ने कुछ कमा लिया होगा। कोई बुरी बात नहीं। जो रिक्शे वाले को रोज दुकान पर लूटते हैं, उनसे उसने ग्यारह रुपए ले लिये, यह शुभ हुआ।

वे कहने लगे, ''दरवाजा तो खोलिए। मुझे दस मिनट आपसे जरूरी बातें करनी हैं।''

मैंने कहा, ''शाम को आइए। मुझे भोजन और आराम करना है। मैं सुबह साढ़े सात बजे से काम कर रहा हूँ।''

कहने लगे, ''इन्दिरा गांधी भी पाँच मिनट का टाइम दे देती हैं। आप उनसे भी बड़े हो गए? आप पाँच मिनट टाइम नहीं देंगे?''

मैं जानता था, जिस हालत में वे थे, उसमें पाँच मिनट का मतलब दो घंटे होता—यानी नशा उतरने तक।

मैंने कहा, ''छोटे-बड़े का सवाल नहीं है। आप पहले पास की पुलिस चौकी जाइए। वहाँ इंस्पेक्टर से कहिए कि मुझसे मिलना है। वह आपकी तलाशी लेगा और एक सिपाही साथ भेजेगा।''

वे बोले, ''यानी आप प्रधानमंत्री से भी बड़े हो गए? इतनी सुरक्षा?''

मैंने कहा, ''यह बात नहीं है। आप पुलिस चौकी जाएँगे तो आपके सिर पर एक बाल्टी ठंडा पानी डाला जाएगा और फिर सिपाही दो झापड़ मारकर कहेगा—क्यों बे साले, अकेले-ही-अकेले? हम नहीं? इसलिए शाम को आइए। मगर बात क्या करनी है?''

वे बोले, ''यही देश की दुर्दशा के बारे में।''

मैंने कहा, ''चौबीसों घंटे देश की दुर्दशा की बात होती है। सत्तावन करोड़ आदमी करते हैं। पर बात से कहीं देश सुधरता है? आप पाँच मिनट बात कर लेंगे तो देश का क्या फायदा होगा?''

वे हद से बाहर थे। कहने लगे, ''तो फिर दुनिया के भले के बारे में बात करूँगा। विश्व-कल्याण! देश जाए भाड़ में!''

मैंने कहा, "मैं न देश का चौकीदार, न दुनिया का। आप चौकीदारों से बात कीजिए।"

वे कहने लगे, "आप शराब पिए हैं?"

मैंने कहा, "नहीं पिए हूँ। एक शराब में खुद डूबा आदमी किसी को नहीं समझ पाता। अपने साथी को भेजो।" मैंने चमचे को बुलाया।

वह आया। मैंने उससे कहा, "सींखचे में से मुझे सूँघ और उन्हें बता।"

साथी मजा ले रहा था। वह आया। नाक सींखचे में से अन्दर डाली। मैंने उसकी नाक में मुँह खोलकर घुसेड़ दिया। सूँघा और लौटकर उनसे कहा, "भैया, आप सँभल जाइए। वे तो बिल्कुल ठीक हैं।"

वे गली में गए। कुछ और संजीवनी लेकर चले आए।

असर हुआ तो बोले, "आप मुझे घर में नहीं आने देंगे?"

मैंने कहा, "देश की बात तो सींखचों के आर-पार से भी हो सकती है। करिए। मैं और आप कुल एक फुट दूर हैं।"

मुझे अब मजा आने लगा था। सोचा—खा लेंगे खाना कभी।

वे कहने लगे, "सुना है, आप कॉफी पीते हैं?"

मैंने कहा, "हाँ, छह साल कॉफी पी। अब एकदम बन्द कर दी है।"

वे बोले, "सिर्फ छह साल? मैं तीस सालों से पी रहा हूँ।"

मैंने कहा, "आप मेरे परदादा हुए। प्रणाम करता हूँ। आशीर्वाद दीजिए कि आपके-सरीखा पुण्यवान न बनूँ।"

उन्हें शायद थोड़ी शर्म आई। कहने लगे, "आप-जैसा आदमी मुझे प्रणाम करे? अरे, बाप रे! मैं मर जाऊँगा। किशन, तू मुझे मार डाल। इसी वक्त छुरा भोंक दे।"

किशन, उनका साथी मुस्कराया। मेरी तरफ देखा।

वे 'किक' में बोलने लगे। इस 'किक' से मैंने अपने-आपको अनगिनत लातें मारी हैं—मित्रों को भी, जिन्होंने मुझे हर बार माफ किया है। इतने उपद्रव किए हैं कि 'कनफेशंस ऑफ एन ओपियम ईटर' से अच्छी किताब बन सकती है। सत्य शुभ हो, अशुभ हो, काला हो, सफेद हो—साहित्य उसी से बनता है।

वे कहने लगे, "चलिए, 'बॉर' चलें। कुछ लेंगे।"

मैंने कहा, "मैंने वह सिलसिला बन्द कर दिया है। आपका प्रेम है तो एक 'ब्लैक नाइट' की कीमत दे जाइए। मैं बिजली का बिल चुका दूँगा।"

वे कहने लगे, "आपको चलना होगा। मैं मुहल्ले में तूफान खड़ा कर दूँगा।"

मैंने कहा, "आप पिट जाएँगे। उधर देखिए। आठ मजदूर आपकी सेवा के लिए तैयार खड़े हैं। पूछ गए हैं। इधर ये चार युवक। या मैं पुलिस को फोन कर दूँ?"

वे दबे। बोले, "जो आपको शराब पिला दे, उसके खिलाफ आप नहीं लिखते। यह क्या बात है?"

मैंने कहा, "आप दो बोतलें रख जाइए और आठ-दस दिन में अपने खिलाफ पढ़ लीजिए। मैं लिखूँगा।"

अब वे उतार पर थे।

कहने लगे, "आप मुझे बैठक में नहीं आने देंगे ?"

मैंने कहा, "नहीं। इंदिरा गांधी मुझे शराब पिलाती हैं, इसलिए मैं उनके खिलाफ लिखता हूँ। आपका सिद्धान्त कहाँ उड़ गया ?"

साथी ने इशारा किया कि इन्हें अन्दर आ ही जाने दो। मैंने दरवाजा खोल दिया। वे बैठ गए। कहने लगे, "इतनी देर तो प्रधानमंत्री के बँगले के सामने भी नहीं खड़ा रहना पड़ा।"

मैंने कहा, "मैं लेखक हूँ, प्रधानमंत्री नहीं, न संसद-सदस्य। मुझे वोट नहीं चाहिए। वोट वाले फौरन दरवाजा खोलते हैं।"

वे अब कुछ शान्त हुए। कहने लगे, "देश का भविष्य आपके ही हाथों में है।"

मैंने कहा, "देश का भविष्य मेरे हाथ में हो, पर दबे माल का गोदाम तो मेरे हाथ में नहीं है। आप क्या धन्धा करते हैं, जो ग्यारह रुपए रिक्शे वाले को दे लेते हैं ?"

वे साफ बोले, "साफ बताऊँ ? नम्बर दो, जमाखोरी, मुनाफाखोरी। खूब कमाते हैं। खूब पीते हैं। खूब आनन्द करते हैं।"

मैंने कहा, "जब अभी आनन्द है तो फिर देश की दशा आप क्यों सुधारना चाहते हैं ? देश की दशा सुधरेगी, तो आपकी बिगड़ेगी। आपकी खटिया खड़ी हो जाएगी।"

वे कहने लगे, "मुझे इतना क्लेश हुआ, जब सुना कि आप पर हमला हुआ। पर इस देश ने उनका क्या कर लिया ? यह मुर्दा देश है।"

मैंने कहा, "आपको क्लेश हुआ, पर आपने क्या कर लिया ?"

वे चुप हो गए।

मैंने कहा, "करने का वक्त होता है। बेवक्त करना आत्मघात होता है। उन्होंने बेवक्त किया। हम वक्त से करेंगे।"

वे अब अच्छी बातें करने लगे थे। कहने लगे, "आप पहले सरीखे ही आग उगलें।"

मैंने कहा, "आग उगल रहा हूँ। पर आप चाहते हैं, सिर्फ कुछ अफसरों पर उगलूँ, ताकि आपका गोदाम तोड़ा न जाए ? आपने पिछले छह महीनों में मेरा लिखा पढ़ा है ?"

वे बोले, "हम तो ऐसे ही कोई 'डेली' में पढ़ लेते हैं।"

मैंने कहा, "जब पढ़ा ही नहीं, तब लिखे पर बात क्यों करते हो ?" फिर मैंने कहा, "आपके साथी ही कहते होंगे कि पीट परसाई साले को, पीट अफसर को जिससे नम्बर दो की सड़क पर कदम बढ़ाने की उनकी हिम्मत न पड़े और हम जनता का खून चूसें। अब मैं लिखता हूँ—गोदाम को या तो तोड़ो या आग लगा दो। जो

आदमी नहीं खा पाता, उसे आग को सौंपो हालाँकि मैं जानता हूँ कि प्रेम बड़ा है—शासन में, नेतृत्व में, आदमखोर में।''

वे शान्त हो गए। कुछ शोकग्रस्त भी। कुछ पछतावे में भी। आँखों में आँसू आ गए। आदमियत पानी बनकर निकल रही है। पता नहीं, जन की आँखों से खून बनकर कब निकलेगी! मैं इन्तजार में हूँ।

फिर उन्होंने पूछा कि फलाँ-फलाँ मंत्रियों से आपके कैसे सम्बन्ध हैं। दो-तीन खास विभागों के दो-तीन खास मंत्रियों के बारे में पूछा। मैंने कहा, ''अच्छे सम्बन्ध हैं।'' समझ गया, मंत्री से काम कराने शहर से निकले होंगे, पर रास्ते में वह दुकान दिख गई होगी।

मैं सब समझ गया।

तब मैंने उनसे कहा, ''आप विदा हों। मैंने काफी समय आपका नष्ट किया। क्षमा करेंगे।''

वे बीड़ी जलाए थे दाएँ हाथ में।

मैंने कहा, ''बीड़ी बाएँ हाथ में ले लीजिए। मैं दाएँ हाथ से हाथ मिलाऊँगा। मेरा हाथ बीड़ी से जल जाएगा।''

उन्होंने बीड़ी बाएँ हाथ में ले ली।

मैंने उनसे कसकर हाथ मिलाया और कहा, ''बहुत आभारी हूँ। रिक्शा आपका इन्तजार कर रहा है।''

वे कहने लगे, ''आप मुझे घर से निकाल रहे हैं?''

मैंने कहा, ''नहीं, मैं प्रेम से हाथ मिलाकर आपको ससम्मान विदा कर रहा हूँ। आप तो एक रिश्ते से मेरे परदादा होते हैं।''

साथी ने उन्हें रिक्शे में बिठा दिया।

देश का भविष्य तय हो गया। विश्व का भी।

पर मेरा अन्दाज है, उन्होंने जरूर किसी 'बार' में बैठकर देश और विश्व के कल्याण के बारे में सोचा होगा।

शव-यात्रा का तौलिया

मनुष्य को जीवन की सार्थकता खोजनी पड़ती है। बिना सार्थकता खोजे मनुष्य जी तो सकता है, पर बोझ-सरीखा जीवन ढोता है और जल्दी-से-जल्दी इस बोझ को कन्धे से उतार देता है। साधारण आदमी नौकरी, बीवी और बच्चों में जीवन की सार्थकता ढूँढ़ लेते हैं। ये सन्तोष से जी लेते हैं। इन्हें कभी-कभी यही असन्तोष खलता है कि शक्कर सहकारी स्टोर से नहीं मिल रही। बाकी सब ठीक है, शुभ है। पत्नी पतिव्रता है, बच्चा स्कूल से एक इनाम ले आया है, पत्नी किसी की साड़ी देखकर दुखी नहीं होती, बल्कि उस दिन कढ़ी और अच्छी बनाती है।

ऐसा आदमी न रोग-द्वेष से पीड़ित होता है, न विशिष्टता के रोग से, न समाज में यश की कामना से।

मुसीबत उस आदमी की है जो विशिष्ट हुए बिना जी नहीं सकता। वह जिस क्षण अपने को विशिष्ट नहीं पाएगा, मृत्यु के निकट पहुँच जाएगा।

जिनकी कथा मैं लिख रहा हूँ, वे खूँटी पर शव-यात्रा में लपेटा जाने वाला तौलिया तैयार रखते हैं। किसी के मरने की खबर मिली नहीं कि इतने प्रसन्न होते हैं, जैसे किसी की शादी हो रही है! दफ्तर से छुट्टी ले लेंगे। घर में और मुहल्ले में ऐलान कर देंगे, 'हम फलाँ आदमी की 'मट्टी' में जा रहे हैं।' जब शव को जलाकर लौटते हैं, तो इतने प्रसन्न लगते हैं, जैसे किसी का जीवन बचाकर आ रहे हों! बड़ी शान से परिवार से चिल्लाकर कहते हैं, 'नहाने को गरम पानी रख दो!'

वे शहर में इसी यश की सार्थकता पर जीवित हैं कि हर एक की 'मौत-मट्टी' में जाते हैं। मैंने कभी यह नहीं सुना कि वे किसी को अस्पताल ले जाकर उसका जीवन बचाने की कोशिश में हों। वे इन्तजार करते हैं कि वह कब मरता है—शायद रात-भर इसी चिन्ता में न सोते हों कि कहीं वह जिन्दा न रह जाए वरना सवेरे का 'मौत-मट्टी' के यश का कार्यक्रम नष्ट हो जाएगा।

एक दिन मैं उनके यहाँ बैठा था। पड़ोस से आदमी आया, घबराया हुआ। कहने लगा, "कक्का बहुत सीरियस हो गए हैं। जरा डॉक्टर को फोन कर दूँ।"

वे बोले, "भैया, फोन तो खराब है। कहीं और से कर लो।"

मैं जानता था कि फोन ठीक है, पर उन्हें डर था कि कहीं फोन करने से डॉक्टर न आ जाए और कक्काजी बच न जाएँ। साथ यह भी कि फोन करने के पच्चीस पैसे लगते हैं। कक्काजी न मरे तो सवेरे तौलिया लपेटकर अरथी बनाने का कार्यक्रम गड़बड़ हो जाएगा।

कक्काजी रात को मर गए। वे मेरे भी काफी परिचित थे। मैं गया तो देखा कि वे सज्जन मौत का तौलिया लपेटे अरथी इस गर्व से तैयार कर रहे हैं, जैसे किसी युवक की बारात सजा रहे हों!

मैंने कहा, "आप बहुत सहृदय हैं।"

वे बोले, "देखो भैया, अपना ऐसा है कि चाहे जिन्दगी में जो भी सम्बन्ध हों, कोई दुश्मन भी हो, पर मौत-मट्टी में हम बराबर साथ देते हैं।"

'धन्य हैं!' मैं मन में कह रहा था।

मुर्दे के प्रति इतना प्रेम मैंने कम देखा है। एकाध महीना कोई परिचित न मरे, तो वे किसी को मारने की कोशिश भी कर सकते हैं, जिससे खूँटी पर टँगा मौत का तौलिया सिर से लपेट सकें। जिसकी जान बचाने के लिए फोन नहीं करने दिया, उसकी शव-यात्रा में वे रोते हुए जा रहे थे और लोग कह रहे थे, "भई आदमी हो तो ऐसा। हर मट्टी में जाते हैं—और देखो, कैसे रो रहे हैं, जैसे सगा भाई मर गया हो!"

मैं उन्हें पहले समझ नहीं पाया था। उनके एक सहपाठी मित्र दिल्ली में मामूली लेक्चरर थे। जब भी मैं दिल्ली जाता, वे आँखों में आँसू भरकर मुझे मिठाई का पैकेट

देते और कहते, ''मेरे बहुत-बहुत प्यार के साथ गणेश को दे देना। कहना—मैं चाहता हूँ कि वह लगातार आगे बढ़ता जाए।''

तीन-चार सालों में गणेश अर्थशास्त्र विभाग के अध्यक्ष हो गए। मैं जब दिल्ली जाने लगा तो मैंने उनसे कहा, ''अब तो गणेश भैया डिपार्टमेंट के हेड हो गए। बड़ी खुशी की बात है। मिठाई भेज रहे हैं क्या ?''

वे खिन्न हो गए। कहने लगे, ''अब तुम्हीं बताओ, जब ऐसे-ऐसे आदमी डिपार्टमेंट के हेड होने लगे तो विश्वविद्यालयों का क्या होगा ?''

आँखों में उनके आँसू तब भी छलक आए मित्रता के कारण। पर वे खूँटी पर टँगे उस तौलिये को भी देख रहे थे कि यह गणेश के काम कब आता है। देखते हैं, पर साला आगे बढ़ता जा रहा है।

ऐसा प्रेम मैंने और लोगों में भी देखा है। पर मैं अब उनके घर जाने में डरता हूँ। वह शव-यात्रा में सिर पर लपेटा जाने वाला तौलिया मुझे डराता है। मुझे ऐसा लगता है कि तौलिया मुझसे कह रहा है—अपने लिए सिर पर लपेटने का चान्स इन्हें कब दे रहे हो ?

मरने वाले से प्रेम एक अजब चीज है। मैं एक दम्पती को जानता हूँ, जो जीवन-भर लड़ते रहे—मारपीट तक करते रहे। दोनों मुझसे एक-दूसरे की शिकायत करते और कहते कि ऐसे जीने से मर जाना अच्छा।

एक दिन पत्नी मौत के पास पहुँच गई। पति ने मुझे पुकारा। मैं गया। डॉक्टर हृदय को कृत्रिम तरीके से चलाने की कोशिश कर रहा था।

मैंने पूछा, ''डॉक्टर खरे, क्यां हालत है ?''

डॉक्टर बोले, ''शी इज गान (वे मर गईं) !''

जब पति को मालूम हुआ तो वे मेरे पास आए और कहने लगे, ''अरे, वह तो सचमुच मर गई ! मैं तो सोच रहा था कि मुझे तंग करने के लिए नाटक कर रही है।''

दो-तीन दिन बाद वे मेरे पास आए। आँखों में आँसू थे। कहने लगे, ''भाई, बहुत अच्छा हलवाई तय कर लो। जितना भी पैसा लगे। सब मित्रों को निमंत्रित करो और श्राद्ध पर बहुत अच्छा खाना सबको खिलाओ। वह अच्छे खाने की बड़ी शौकीन थी। उसकी आत्मा को शान्ति मिलेगी। मैंने मरने के बाद शान्ति का सारा इन्तजाम कर दिया।''

मगर मैं बात कर रहा था, उस मौत-मट्टी के तौलिये वाले की। बड़े अध्ययन के बाद मैं इस निष्कर्ष पर पहुँचा कि वह किसी भी मित्र को जहर देकर मार सकता है और सवेरे अश्रुपात करते हुए तौलिया लपेटे अरथी भी बाँध सकता है। वह मित्र-प्रेम के कारण बेहोश भी हो सकता है।

मौत से इतना प्रेम तारीफ के लायक है।

एक दिन मेरे एक रिश्तेदार की मौत हो गई। मैं उनके कफन-दफन की तैयारी कर रहा था। वे मुझे मिल गए। कहने लगे, "मैं भी चलूँ न ग्वारीघाट?"

मैंने कहा, "आप कष्ट क्यों करते हैं? पच्चीसों रिश्तेदार हैं। वे सब कर लेंगे।"

तो वे गिड़गिड़ाने लगे, "हमें भी ले चलो न! हम भी हो आएँगे।"

वे शवदहन को पिकनिक समझ रहे होंगे। बड़ी मुश्किल से मैंने उन्हें रोका वरना वे साइकिल पर आठ मील जाने को उत्सुक थे।

जीवन से ऐसा द्वेष और मृत्यु से ऐसा प्रेम—क्या कहा जाए? मनुष्य के भीतर रहस्य की कई परतें होती हैं। कहाँ तक कोई परतें खोलेगा!

यों उस दिन कथावाचक पंडितजी कह रहे थे, "जो आदमी सौ आदमियों की शव-यात्रा में जाता है, उसे स्वर्ग मिलता है—ऐसा शास्त्र कहते हैं।"

यानी खूँटी पर टँगा शव-यात्रा का तौलिया शायद शास्त्र के आदेश के अनुसार ही है।

वे उसी तौलिया में जीवन की सार्थकता खोजकर मजे में यश के साथ जी रहे हैं।

मनुष्य सार्थकता के अहसास के बिना जी नहीं सकता।

वे इस सार्थकता के साथ जी रहे हैं शायद कि जितने ज्यादा मुर्दों को हमने शव-यात्रा के बाद जलाया, उतना ही जीवन सार्थक हो गया।

सार्थकता जीवन को जीवन-संघर्ष भी देती है और मौत की तरफ भी ले जाती है—दूसरे की मौत की तरफ।

मैं जब भी उनके घर जाता हूँ, शव-यात्रा के उस तौलिये को देखकर बहुत परेशान हो जाता हूँ। सोचता हूँ—कभी ये इस गन्दे तौलिये का मेरे संस्कार के लिए भी उपयोग कर सकते हैं। पर वे बड़े प्रेम से बात करते हैं, भोजन कराते हैं।

पिछली बार जब मैं उनके यहाँ गया तो वह गन्दा मरघट का तौलिया खूँटी पर नहीं था। मेरा अन्दाज था कि वे शव-यात्रा की तैयारी में लगे होंगे। हमारे एक घनिष्ठ मित्र की मौत हो गई थी।

मैंने देखा—न खूँटी पर वह गन्दा तौलिया है, न वे भावुक हैं।

मैंने कहा, "फलाँ बन्धु की मृत्यु हो गई है, आपको तो मालूम ही होगा? चलिए, चलें। मेरा तो विश्वास था कि आप वहीं होंगे।"

वे कहने लगे, "यार, कहाँ-कहाँ जाएँ? बड़ी परेशानी है। हम तो जा नहीं सकते। तुम जरूर चले जाओ। कह देना, मेरी तबीयत खराब है।"

मैं चल दिया, पर अचानक मुझे ध्यान आया कि पंडितजी ने कहा था, 'शास्त्र कहते हैं कि जो व्यक्ति सौ शव-यात्राओं में जाता है, उसे स्वर्ग मिलता है।' समझ

गया कि इनके सौ पूरे हो गए हैं और एक सौ एकवें मित्र के न जीने की इन्हें चिन्ता है, न उसकी ठीक से दाह-क्रिया की।

सुलझे विचारों के आदमी ऐसे ही होते हैं।

अब मुझे उनके घर जाते डर नहीं लगता। वह गन्दा तौलिया अब खूँटी पर नहीं होता। उनके सौ पूरे हो चुके हैं।

और मेरे मरने की उन्हें अब उत्कंठा नहीं है।

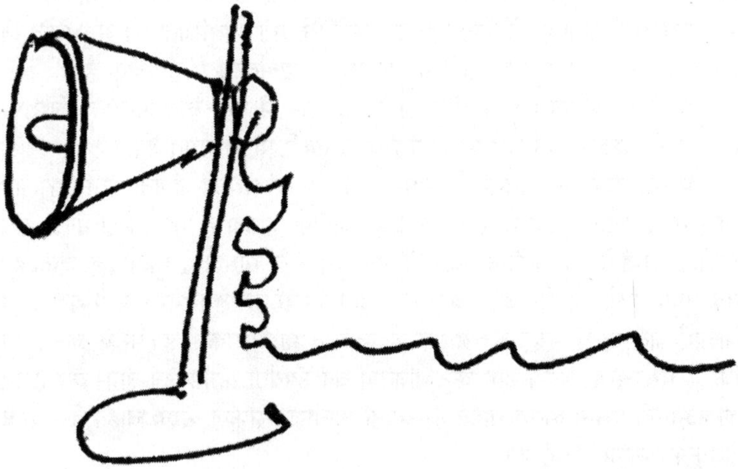

शर्म की बात पर ताली पीटना

मैं आजकल बड़ी मुसीबत में हूँ।

मुझे भाषण के लिए अक्सर बुलाया जाता है। विषय यही होते हैं—देश का भविष्य, छात्र-समस्या, युवा-असन्तोष, भारतीय संस्कृति भी (हालाँकि निमंत्रण की चिट्ठी में 'संस्कृति' अक्सर गलत लिखा होता है), पर मैं जानता हूँ कि जिस देश में हिन्दी-हिंसा आन्दोलन भी जोरदार होता है, वहाँ मैं 'संस्कृति' की सही शब्द-रचना अगर देखूँ तो बेवकूफ के साथ ही राष्ट्रद्रोही भी कहलाऊँगा। इसलिए जहाँ तक बनता है, मैं भाषण दे ही आता हूँ।

मजे की बात यह है कि मुझे धार्मिक समारोहों में भी बुला लिया जाता है। सनातनी, वेदांती, बौद्ध, जैन—सभी बुला लेते हैं; क्योंकि इन्हें न धर्म से मतलब है, न सन्त से, न उसके उपदेश से। ये धर्मोपदेश को समझना भी नहीं चाहते। पर ये साल में एक-दो बार सफल समारोह करना चाहते हैं। और जानते हैं कि मुझे बुलाकर

भाषण करा देने से समारोह सफल होगा, जनता खुश होगी और उनका जलसा कामयाब हो जाएगा।

मैं उनसे कह देता हूँ—'जितना लाइट और लाउडस्पीकर वालों को दोगे, कम-से-कम उतना मुझ गरीब 'शास्ता' को दे देना'—तो वे दे भी देते हैं। मुझे अगर लगे कि इनका इरादा कुछ गड़बड़ है तो मैं शास्ता विक्रयकर-अधिकारी या थानेदार की भी सहायता ले लेता हूँ। ये लोग पता नहीं क्यों मेरे प्रति आत्मीयता का अनुभव करते हैं! इनके कारण सारा काम धार्मिक और पवित्र वातावरण में हो जाता है।

पर मेरी एक नई मुसीबत पैदा हो गई है। जब मैं ऐसी बात करता हूँ जिस पर शर्म आनी चाहिए, तब उस पर लोग हँसकर ताली पीटने लगते हैं।

मैं एक सन्त की जयन्ती के समारोह में अध्यक्ष था। मैं जानता था कि बुलाने वाले मुझसे भीतर से बहुत नाराज रहते हैं। यह भी जानता हूँ कि ये मुझे गन्दी-से-गन्दी गालियाँ देते हैं, क्योंकि राजनीति और समाज के मामले में मुँहफट हो जाता हूँ। तब सुनने वालों का दीन क्रोध बड़ा मजा देता है। पर उस शाम मेरे गले में वही लोग मालाएँ डाल रहे थे—यह अच्छी और उदात्त बात भी हो सकती है। पर मैं जानता था कि ये मेरे व्यंग्य, हास्य और कटु उक्तियों का उपयोग करके उन तीन-चार हजार श्रोताओं को प्रसन्न करना चाहते हैं—यानी आयोजन सफल करना चाहते हैं—यानी बेवकूफ बनाना चाहते हैं।

जयन्ती एक क्रान्तिकारी सन्त की थी। ऐसे सन्त की जिसने कहा—खुद सोचो। सत्य के अनेक कोण होते हैं। हर बात में 'शायद' का ध्यान जरूर रखना चाहिए। महावीर और बुद्ध ऐसे सन्त हुए, जिन्होंने कहा—सोचो। शंका करो। प्रश्न करो। तब सत्य को पहचानो। जरूरी नहीं है कि वही शाश्वत सत्य है, जो कभी किसी ने लिख दिया था।

ये सन्त वैज्ञानिक दृष्टिसम्पन्न थे। और जब तक इन सन्तों के विचारों का प्रभाव रहा तब तक विज्ञान की उन्नति भारत में हुई। भौतिक और रासायनिक विज्ञान की शोध हुई। चिकित्सा-विज्ञान की शोध हुई। नागार्जुन हुए, बाणभट्ट हुए। इसके बाद लगभग डेढ़ शताब्दी में भारत के बड़े-से-बड़े दिमाग ने यही काम किया कि सोचते रहे—ईश्वर एक हैं या दो हैं या अनेक हैं। हैं तो सूक्ष्म हैं या स्थूल हैं। आत्मा क्या है, परमात्मा क्या है। इसके साथ ही केवल काव्य-रचना।

विज्ञान नदारद। गल्ला कम तौलेंगे, मगर द्वैतवाद, अद्वैतवाद, विशिष्टाद्वैतवाद, मुक्ति और पुनर्जन्म के बारे में बड़े परेशान रहेंगे। कपड़ा कम नापेंगे, दाम ज्यादा लेंगे, पर पंच-आभूषण के बारे में बड़े जाग्रत रहेंगे।

झूठे अध्यात्म ने इस देश को दुनिया में तारीफ दिलवाई, पर मनुष्य को मारा व हर डाला, उस धार्मिक सन्त-समारोह में मैं अध्यक्ष के आसन पर था। बाएँ तरफ दो

दिगम्बर मुनि बैठे थे। दाहिने तरफ दो श्वेताम्बर। चार मुनियों से घिरा यह दीन लेखक बैठा था। पर सही बात यह है कि 'होल-टाइम' मुनि या तपस्वी बड़ा दयनीय प्राणी होता है। वह सार्थकता का अनुभव नहीं करता, कर्म नहीं खोज पाता। श्रद्धा जरूर लेता है—मगर ज्यादा कर्महीन श्रद्धा ज्ञानी को बहुत 'बोर' करती है।

दिगम्बर मुनि और श्वेताम्बर मुनि आपस में कैसे देख रहे थे, यह मैं जाँच रहा था। लेखक की दो नहीं, सौ आँखें होती हैं। दिगम्बर अपने को सर्वहारा का मुनि मानता है और श्वेताम्बर मुनि को सम्पन्न समाज का। यह मैं समझ गया—उनके तेवर से।

मैंने आरम्भ में कहा भी, "सभ्यता के विकास का क्रम होता है। जब हैंडलूम, पावरलूम, कपड़ा मिल नहीं थी तब विश्व के हर समाज का ऋषि और शास्ता कम-से-कम कपड़े पहनता था; क्योंकि जो भी अच्छे कपड़े बन पाते थे, उन्हें सामन्तवर्ग पहनता था। तब लँगोटी लगाना या नंगा रहना दुनिया-भर में सन्त का आचार होता था। पर अब हम फाइन-से-फाइन कपड़ा बनाते और बेचते हैं, पर अपने मुनियों को नंगा रखते हैं। यह भी क्या पाप नहीं है?"

मुनि मेरी बात सुनकर गम्भीर हो गए और सोचने लगे, पर समारोह वाले हँसने और ताली पीटने लगे। और मैंने देखा, एक मुनि उनके इस ओछे व्यवहार से खिन्न हैं। मैंने सोचा कि मुनि से कहूँ कि हम दोनों मिलकर सिर पीट लें। शर्म की बात पर जिस समाज के लोगों को हँसी आए—इस बात पर मुनि और साधु दोनों रो लें।

पर इसके बाद जब मुनि बोले तो उन्होंने घोर हिंसा की शैली में अहिंसा समझाई। कुछ शब्द मुझे अभी भी याद हैं, "पाखंडियो, क्या सत्य को सर्टिफिकेट देने के समारोह करते हो? तुम्हारे सर्टिफिकेट से सन्त को कोई परमिट या नौकरी मिल जाएगी? पाप की कमाई खाते हो। झूठ बोलते हो। सत्य की बात करते हो। बेईमानी से परिग्रह करते हो। बताओ, ये चार-पाँच मंजिलों की इमारतें क्या सत्य, अहिंसा और अपरिग्रह से बनी हैं?"

मैं दंग रह गया। मुनि का चेहरा लाल था क्रोध से। वे किसी सच्चे क्रान्तिकारी की तरह बोल रहे थे; क्योंकि उन्हें शरीर ढाँकने को कपड़ा लेने का किसी से अहसान नहीं लेना था।

सभा में सन्नाटा।

लगातार सन्नाटा।

और मुनि पूरे क्रोध के साथ सारी बनावट और फरेब को नंगा कर रहे थे।

अन्त में मुझे अध्यक्षीय भाषण देना लाजिमी था। मैं देख रहा था कि तीस-चालीस के गुट में युवक लोग पाँच-छह ठिकानों पर बैठे इन्तजार कर रहे थे कि मैं क्या कहता हूँ।

मैंने बहुत छोटा धन्यवाद-जैसा भाषण किया। मुनियों और विद्वानों का आभार माना और अन्त में कहा :

"एक बात मैं आपके सामने स्वीकार करना चाहता हूँ। मैंने और आपने तीन घंटे ऊँचे आदर्शों की, सदाचरण की, प्रेम की, दया की बातें सुनीं। पर मैं आपके सामने साफ कहता हूँ कि तीन घंटे पहले जितना कमीना और बेईमान मैं था, उतना ही अब भी हूँ। मेरी मैंने कह दी। आप लोगों की आप लोग जानें?"

इस पर भी क्या हुआ—हँसी खूब हुई और तालियाँ पिटीं।

उन्हें मजा आ गया।

एक और बड़े लोगों के क्लब में मैं भाषण दे रहा था। मैं देश की गिरती हालत, महँगाई, गरीबी, बेकारी, भ्रष्टाचार पर बोल रहा था और खूब बोल रहा था।

मैं पूरी पीड़ा से, गहरे आक्रोश से बोल रहा था। पर जब मैं ज्यादा मार्मिक हो जाता, वे लोग तालियाँ पीटते थे। मैंने कहा, "हम लोग बहुत पतित हैं," तो वे ताली पीटने लगे!

उन्हें मजा आ रहा था और शाम एक अच्छे भाषण से सफल हो रही थी।

और मैं इन समारोहों के बाद रात को घर लौटता हूँ, तो सोचता रहता हूँ कि जिस समाज के लोग शर्म की बात पर हँसें और ताली पीटें, उसमें क्या कभी कोई क्रान्तिकारी हो सकता है?

होगा शायद। पर तभी होगा, जब शर्म की बात पर ताली पीटने वाले हाथ कटेंगे और हँसने वाले जबड़े टूटेंगे।

दो नाक वाले लोग

मैं उन्हें समझा रहा था कि लड़की की शादी में टीमटाम में व्यर्थ खर्च मत करो, पर वे बुजुर्ग कह रहे थे, "आप ठीक कहते हैं, मगर रिश्तेदारों में नाक कट जाएगी।"

नाक उनकी काफी लम्बी थी। मेरा खयाल है, नाक की हिफाजत सबसे ज्यादा इसी देश में होती है। और या तो नाक बहुत नर्म होती है या छुरा तेज, जिससे छोटी-सी बात से भी नाक कट जाती है। छोटे आदमी की नाक बहुत नाजुक होती है। यह छोटा आदमी नाक को छिपाकर क्यों नहीं रखता?

कुछ बड़े आदमी, जिनकी हैसियत है, इस्पात की नाक लगवा लेते हैं और चमड़े का रंग चढ़वा लेते हैं। कालाबाजार में जेल हो आए हैं, औरत खुलेआम दूसरे के साथ 'बॉक्स' में सिनेमा देखती है, लड़की का सार्वजनिक गर्भपात हो चुका है। लोग उस्तरा लिये नाक काटने को घूम रहे हैं। मगर काटें कैसे? नाक तो स्टील की है। चेहरे पर पहले जैसी ही फिट है और शोभा बढ़ा रही है।

स्मगलिंग में पकड़े गए हैं। हथकड़ी पड़ी है। बाजार में से ले जाए जा रहे हैं। लोग नाक काटने को उत्सुक हैं। पर वे नाक को तिजोरी में रखकर स्मगलिंग करने गए थे। पुलिस को खिला-पिलाकर बरी होकर लौटेंगे और नाक फिर पहन लेंगे।

जो बहुत होशियार हैं, वे नाक को तलवे में रखते हैं। तुम सारे शरीर में ढूँढ़ो, नाक ही नहीं मिलती। नातिन की उम्र की दो लड़कियों से बलात्कार कर चुके हैं। जालसाजी और बैंक को धोखा देने में पकड़े जा चुके हैं। लोग नाक काटने को उतावले हैं, पर नाक मिलती ही नहीं। वह तो तलवे में है। कोई जीवशास्त्री अगर नाक की तलाश भी कर दे तो तलवे की नाक काटने से क्या होता है? नाक तो चेहरे पर की कटे, तो कुछ मतलब होता है।

और जो नाक रखते ही नहीं हैं, उन्हें तो कोई डर ही नहीं है। दो छेद हैं, जिनसे साँस ले लेते हैं।

कुछ नाकें गुलाब के पौधे की तरह होती हैं। कलम कर दो तो और अच्छी शाखा बढ़ती है और फूल भी बढ़िया लगते हैं। मैंने ऐसी फूल वाली खुशबूदार नाकें बहुत देखी हैं। जब खुशबू कम होने लगती है, ये फिर कलम करा लेते हैं, जैसे किसी औरत को छेड़ दिया और जूते खा गए।

'जूते खा गए'—अजब मुहावरा है। जूते तो मारे जाते हैं। वे खाए कैसे जाते हैं? मगर भारतवासी इतना भुखमरा है कि जूते भी खा जाता है।

नाक और तरह से भी बढ़ती है। एक दिन एक सज्जन आए। बड़े दुखी थे। कहने लगे, "हमारी तो नाक कट गई। लड़की ने भागकर एक विजातीय लड़के से शादी कर ली। हम ब्राह्मण और लड़का कलाल! नाक कट गई।"

मैंने उन्हें समझाया कि कटी नहीं है, कलम हुई है। तीन-चार महीनों में और लम्बी बढ़ जाएगी।

तीन-चार महीने बाद वे मिले तो खुश थे। नाक भी पहले से लम्बी हो गई थी। मैंने कहा, "नाक तो पहले से लम्बी मालूम होती है।"

वे बोले, "हाँ, कुछ बढ़ गई है। काफी लोग कहते हैं—आपने बड़ा क्रान्तिकारी काम किया। कुछ बिरादरी वाले भी कहते हैं। इसीलिए नाक बढ़ गई है।"

कुछ लोग मैंने देखे हैं, जो कई साल अपने शहर की नाक रहे हैं। उनकी नाक अगर कट जाए, तो सारे शहर की नाक कट जाती है। अगर उन्हें संसद का टिकट न मिले, तो सारा शहर नकटा हो जाता है। पर अभी मैं एक शहर गया तो लोगों से पूछा, "फलाँ साहब के क्या हाल हैं? वे इस शहर की नाक हैं।"

तभी एक मसखरे ने कहा, "हाँ, साहब, वे अभी भी शहर की नाक हैं, मगर छिनकी हुई।"

(यह बीभत्स रस है। रस-सिद्धान्त प्रेमियों को अच्छा लगेगा।)

मगर बात मैं उन सज्जन की कर रहा था, जो मेरे सामने बैठे थे और लड़की की शादी पुराने ठाठ से ही करना चाहते थे। पहले वे रईस थे—यानी मध्यम हैसियत के रईस। अब गरीब थे। बिगड़ा रईस और बिगड़ा घोड़ा एक तरह के होते हैं—दोनों बौखला जाते हैं। किससे उधार लेकर खा जाएँ, ठिकाना नहीं। उधर बिगड़ा घोड़ा किसे कुचल दे, ठिकाना नहीं। आदमी को बिगड़े रईस और बिगड़े घोड़े, दोनों से दूर रहना चाहिए। मैं भरसक कोशिश करता हूँ। मैं तो मस्ती से डोलते आते साँड़ को देखकर भी सड़क के किनारे की इमारत के बरामदे में चढ़ जाता हूँ, ''बड़े भाई साहब आ रहे हैं। इनका आदर करना चाहिए।''

तो जो भूतपूर्व सम्पन्न बुजुर्ग मेरे सामने बैठे थे, वे प्रगतिशील थे। लड़की का अन्तरजातीय विवाह कर रहे थे। वे खत्री और लड़का शुद्ध कान्यकुब्ज। वे खुशी से शादी कर रहे थे। पर उनमें विरोधाभास यह था कि शादी ठाठ से करना चाहते थे। बहुत लोग एक परम्परा से छुटकारा पा लेते हैं, पर दूसरी से बँधे रहते हैं। रात को शराब की पार्टी से किसी ईसाई दोस्त के घर से आ रहे हैं, मगर रास्ते में हनुमान का मन्दिर दिख जाए, तो थोड़ा तिलक भी सिन्दूर का लगा लेंगे। मेरा एक घोर नास्तिक मित्र था। हम घूमने निकलते तो रास्ते में राम-मन्दिर देखकर वे कह उठते—'हरे राम!' बाद में पछताते भी थे।

तो मैं उन बुजुर्ग को समझा रहा था, ''आपके पास रुपए हैं नहीं। आप कर्ज लेकर शादी का ठाठ बनाएँगे। पर कर्ज चुकाएँगे कहाँ से? जब आपने इतना नया कदम उठाया है कि अन्तरजातीय विवाह कर रहे हैं, तो विवाह भी नए ढंग से कीजिए। लड़का कान्यकुब्ज का है। बिरादरी में शादी करता तो कई हजार उसे मिलते। लड़के शादी के बाजार में मवेशी की तरह बिकते हैं। अच्छा मालवी बैल और हरियाणा की भैंस ऊँची कीमत पर बिकती है। लड़का इतना त्याग तो लड़की के प्रेम के लिए कर चुका। फिर भी वह कहता है—अदालत जाकर शादी कर लेते हैं। बाद में एक पार्टी कर देंगे। आप आर्यसमाजी हैं। घंटे-भर में रास्ते में आर्य-समाज मन्दिर में वैदिक रीति से शादी कर डालिए। फिर तीन-चार सौ रुपयों की एक पार्टी दे डालिए। लड़के को एक पैसा भी नहीं चाहिए। लड़की के कपड़े वगैरह मिलाकर शादी हजार में हो जाएगी।''

वे कहने लगे, ''बात आप ठीक कहते हैं। मगर रिश्तेदारों को तो बुलाना ही पड़ेगा। फिर जब वे आएँगे तो इज्जत के खयाल से सजावट, खाना, भेंट वगैरह देनी होगी।''

मैंने कहा, ''आपका यहाँ तो कोई रिश्तेदार है नहीं। वे हैं कहाँ?''

उन्होंने जवाब दिया, ''वे पंजाब में हैं। पटियाला में ही तीन करीबी रिश्तेदार हैं। कुछ दिल्ली में हैं। आगरा में हैं।''

मैंने कहा, ''जब पटियाला वाले के पास आपका निमंत्रण-पत्र पहुँचेगा, तो पहले तो वह आपको दस गालियाँ देगा—मई का यह मौसम, इतनी गर्मी। लोग

तड़ातड़ लू से मर रहे हैं। ऐसे में इतना खर्च लगाकर जबलपुर जाओ। कोई बीमार हो जाए तो और मुसीबत। पटियाला या दिल्ली वाला आपका निमंत्रण पाकर खुश नहीं, दुखी होगा। निमंत्रण-पत्र न मिला तो वह खुश होगा और बाद में बात बनाएगा। कहेगा, आजकल जी, डाक की इतनी गड़बड़ी हो गई है कि निमंत्रण-पत्र ही नहीं मिला, वरना ऐसा हो सकता था कि हम न आते!"

मैंने फिर कहा, "मैं आपसे कहता हूँ, कि दूर से रिश्तेदार का निमंत्रण-पत्र मुझे मिलता है, तो मैं घबरा उठता हूँ।"

सोचता हूँ—जो ब्राह्मण ग्यारह रुपए में शनि को उतार दे, पच्चीस रुपयों में सगोत्र विवाह करा दे, मंगली लड़की का मंगल पन्द्रह रुपयों में उठाकर शुक्र के दायरे में फेंक दे, वह लग्न सितम्बर से लेकर मार्च तक सीमित क्यों नहीं कर देता? मई और जून की भयंकर गर्मी की लग्नें गोल क्यों नहीं कर देता? वह कर सकता है। और फिर ईसाई और मुसलमानों में जब बिना लग्न शादी होती है, तो क्या वर-वधू मर जाते हैं? आठ प्रकार के विवाहों में जो गन्धर्व विवाह है, वह क्या है? वह यही शादी है जो आज होने लगी है कि लड़का-लड़की भागकर कहीं शादी कर लेते हैं। इधर लड़की का बाप गुस्से में पुलिस में रिपोर्ट करता है कि अमुक लड़का हमारी नाबालिग लड़की को भगा ले गया है। मगर कुछ नहीं होता; क्योंकि लड़की मैट्रिक का सर्टिफिकेट साथ ले जाती है जिसमें जन्म-तारीख होती है।

वे कहने लगे, "नहीं जी, रिश्तेदारों में नाक कट जाएगी।"

मैंने कहा, "पटियाला से इतना किराया लगाकर नाक काटने इधर कोई नहीं आएगा। फिर पटियाला में कटी नाक को इधर कौन देखेगा? काट लें पटियाला में।"

वे थोड़ी देर गुमसुम बैठे रहे।

मैंने कहा, "देखिए जी, आप चाहें तो मैं पुरोहित हो जाता हूँ और घंटे-भर में शादी करा देता हूँ।"

वे चौंके। कहने लगे, "आपको शादी कराने की विधि आती है?"

मैंने कहा, "हाँ, ब्राह्मण का बेटा हूँ। बुजुर्गों ने सोचा होगा कि लड़का नालायक निकल जाए और किसी काम-धन्धे के लायक न रहे, तो इसे कम-से-कम सत्य-नारायण की कथा और विवाह-विधि सिखा दो। ये मैं बचपन में ही सीख गया था।"

मैंने आगे कहा, "और बात यह है कि आजकल कौन संस्कृत समझता है? और पंडित क्या कह रहा है, इसे भी कौन सुनता है? वे तो 'अम' और 'अह' इतना ही जानते हैं। मैं इस तरह मंगल-श्लोक पढ़ दूँ तो भी कोई ध्यान नहीं देगा :

ओम् जेक एंड विल वेंट अप दी हिल टु फेच् ए पेल आफ वाटरम्,
ओम् जेक फैल डाउन एंड ब्रोक हिज क्राउन एंड जिल केम ट्रम्बलिंग
आफ्टरम् कुर्यात् सदा मंगलम्...

इसे लोग वैदिक मंत्र समझेंगे।''

वे हँसने लगे।

मैंने कहा, ''लड़का उत्तर प्रदेश का कान्यकुब्ज और आप पंजाब के खत्री—एक-दूसरे के रिश्तेदारों को कोई नहीं जानता। आप एक सलाह मेरी मानिए। इससे कम में भी निपट जाएगा और नाक भी कटने से बच जाएगी। लड़के के पिता की मृत्यु हो चुकी है। आप घंटे-भर में शादी करवा दीजिए। फिर रिश्तेदारों को चिट्ठियाँ लिखिए, 'इधर लड़के के पिता को दिल का तेज दौरा पड़ा। डॉक्टरों ने उम्मीद छोड़ दी थी। दो-तीन घंटे वे किसी तरह जी सकते थे। उन्होंने इच्छा प्रकट की कि मृत्यु के पहले लड़के की शादी हो जाए तो मेरी आत्मा को शान्ति मिल जाएगी। लिहाजा उनकी भावना को देखते हुए हमने फौरन शादी कर दी। लड़का-लड़की वर-वधू के रूप में उनके सामने आए। उनके चरणों पर सिर रखे। उन्होंने इतना ही कहा—सुखी रहो। और उनके प्राण-पखेरू उड़ गए। आप माफ करेंगे कि इसी मजबूरी के कारण हम आपको शादी में नहीं बुला सके।' कौन जानता है आपके रिश्तेदारों में कि लड़के के पिता की मृत्यु कब हुई?''

उन्होंने सोचा, फिर बोले, ''तरकीब ठीक है जी! पर इस तरह की धोखाधड़ी मुझे पसन्द नहीं।''

खैर, मैं उन्हें काम का आदमी लगा नहीं।

दूसरे दिन मुझे बाहर जाना पड़ा। दो-तीन महीने बाद लौटा तो लोगों ने बताया कि उन्होंने सामान और नकद लेकर शादी कर डाली।

तीन-चार दिन बाद से ही साहूकार सवेरे से तकादा करने आने लगे।

रोज उनकी नाक थोड़ी-थोड़ी कटने लगी।

मैंने पूछा, ''अब क्या हाल है?''

लोग बोले, ''अब साहूकार आते हैं, तो यह देखकर निराश लौट जाते हैं कि काटने को नाक ही नहीं बची।''

मैंने मजाक में कहा, ''साहूकारों से कह दो कि इनकी दूसरी नाक पटियाला में पूरी रखी है। वहाँ जाकर काट लो।''

एक अशुद्ध बेवकूफ

बिना जाने बेवकूफ बनना एक अलग और आसान चीज है। कोई भी इसे निभा देता है।

मगर यह जानते हुए कि मैं बेवकूफ बनाया जा रहा हूँ और जो मुझसे कहा जा रहा है, वह सब झूठ है—बेवकूफ बनते जाने का एक अपना मजा है। यह तपस्या है। मैं इस तपस्या का मजा लेने का आदी हो गया हूँ। पर यह महँगा मजा है—मानसिक रूप से भी, और इस तरह से भी। इसलिए जिनकी हैसियत नहीं है, उन्हें यह मजा नहीं लेना चाहिए। इसमें मजा-ही-मजा नहीं है—करुणा है, मनुष्य की मजबूरियों पर सहानुभूति है, आदमी की पीड़ा की दारुण व्यथा है। यह सस्ता मजा नहीं है। जो हैसियत नहीं रखते, उनके लिए दो रास्ते हैं—चिढ़ जाएँ या शुद्ध बेवकूफ बन जाएँ। शुद्ध बेवकूफ एक दैवी वरदान है, मनुष्य जाति को। दुनिया का आधा सुख खत्म हो जाए, अगर शुद्ध बेवकूफ न हों। मैं शुद्ध नहीं, 'अशुद्ध' बेवकूफ हूँ। और शुद्ध बेवकूफ बनने को हमेशा उत्सुक रहता हूँ।

अभी जो साहब आए थे, निहायत अच्छे आदमी हैं। अच्छी सरकारी नौकरी में है। साहित्यिक भी हैं। कविता भी लिखते हैं। वे एक परिचित के साथ मेरे पास कवि के रूप में आए। बातें काव्य की ही घंटा-भर होती रहीं—तुलसीदास, सूरदास, ग़ालिब, अनीस वगैरह। पर मैं 'अशुद्ध' बेवकूफ हूँ, इसलिए काव्य-चर्चा का मजा लेते हुए भी जान रहा था कि भेंट के बाद काव्य के सिवाय कोई और बात निकलेगी। वे मेरी तारीफ भी करते रहे और मैं बरदाश्त करता रहा। पर मैं जानता था कि वे साहित्य के कारण मेरे पास नहीं आए।

मैंने उनसे कविता सुनाने को कहा। आमतौर पर कवि कविता सुनाने को उत्सुक रहता है, पर वे कविता सुनाने में संकोच कर रहे थे। कविता उन्होंने सुनाई, पर बड़े बेमन से। वे साहित्य के कारण आए ही नहीं थे—वरना कविता की फरमाइश पर तो मुर्दा भी बोलने लगता है।

मैंने कहा, "कुछ सुनाइए।"

वे बोले, "मैं आपसे कुछ लेने आया हूँ।"

मैं समझा, ये शायद ज्ञान लेने आए हैं।

मैंने सोचा—यह आदमी ईश्वर से भी बड़ा है। ईश्वर को भी प्रोत्साहित किया जाए तो वह अपनी तुकबन्दी सुनाने के लिए सारे विश्व को इकट्ठा कर लेगा।

पर ये सज्जन कविता सुनाने में संकोच कर रहे थे और कह रहे थे, 'हम तो आपसे कुछ लेने आए हैं।'

मैं समझता रहा कि ये समाज और साहित्य के बारे में कुछ ज्ञान लेने आए हैं।

कविताएँ उन्होंने बड़े बेमन से सुना दीं। मैंने तारीफ की, पर वे प्रसन्न नहीं हुए। यह अचरज की बात थी। घटिया-से-घटिया साहित्यिक सर्जक, प्रशंसा से पागल हो जाता है। पर वे जरा भी प्रशंसा से विचलित नहीं हुए।

उठने लगे तो बोले, "डिपार्टमेंट में मेरा प्रमोशन होना है। किसी कारण अटक गया है। जरा आप सेक्रेटरी से कह दीजिए, तो मेरा काम हो जाएगा।"

मैंने कहा, "सेक्रेटरी क्यों? मैं मंत्री से कह दूँगा। पर आप कविता अच्छी लिखते हैं।"

एक घंटे मैं जानकर भी साहित्य के नाम पर बेवकूफ बना—मैं 'अशुद्ध' बेवकूफ हूँ।

एक प्रोफेसर साहब—क्लास वन के। वे इधर आए। विभाग के 'डीन' मेरे घनिष्ठ मित्र हैं, यह वे नहीं जानते थे। यों वे मुझसे पचीसों बार मिल चुके थे। पर जब वे 'डीन' के साथ मिले तो उन्होंने मुझे पहचाना ही नहीं। डीन ने मेरा परिचय उनसे करवाया। मैंने भी ऐसा बर्ताव किया, जैसे यह मेरा उनसे पहला परिचय है।

डीन मेरे यार हैं। कहने लगे, "यार परसाई, चलो कैंटीन में, अच्छी चाय पी जाए। अच्छी नमकीन भी मिल जाए तो मजा आ जाए।"

अब क्लास वन के प्रोफेसर साहब थोड़ा चौंके।

हम लोगों ने चाय और नाश्ता किया। अब वे समझ गए कि मैं 'अशुद्ध' बेवकूफ हूँ।

कहने लगे, "सालों से मेरी लालसा थी कि आपके दर्शन करूँ। आज वह लालसा पूर्ण हुई।" (हालाँकि वे कई बार मिल चुके थे, पर डीन सामने थे।)

अंग्रेजी में एक बड़ा अच्छा मुहावरा है—'टेक इट विथ पिंच ऑफ साल्ट'—यानी थोड़े नमक के साथ लीजिए। मैंने अपनी तारीफ थोड़े 'नमक' के साथ ले ली।

शाम को प्रोफेसर साहब मेरे घर आए। कहने लगे, "डीन साहब तो आपके बड़े घनिष्ठ है। उनसे कहिए न कि मुझे पेपर दे दें, कुछ कॉपियाँ भी—और 'मॉडरेशन' के लिए बुला लें तो अच्छा है।"

मैंने कहा, "मैं ये सब काम डीन से आपके करवा दूँगा, पर आपने मुझे पहचानने में थोड़ी देर कर दी थी।"

बेचारे क्या जवाब देते ? अशुद्ध बेवकूफ मैं—मजा लेता रहा कि वे क्लास वन के अफसर नहीं, चपरासी की तरह मेरे पास से विदा हुए। बड़ा आदमी भी कितना बेचारा होता है!

एक दिन मई की भरी दोपहर में एक साहब आ गए। भयंकर गर्मी और धूप। मैंने सोचा कि कोई भयंकर बात हो गई है, तभी ये इस वक्त आए हैं। वे पसीना पोंछकर वियतनाम की बात करने लगे। वियतनाम में अमेरिकी बर्बरता की बात करते रहे। मैं जानता था कि मैं निक्सन नहीं हूँ। पर वे जानते थे कि मैं बेवकूफ हूँ। मैं भी जानता था कि इनकी चिन्ता वियतनाम नहीं है।

घंटे-भर राजनीतिक बातें हुईं।

वे उठे तो कहने लगे, "मुझे जरा दस रुपए दे दीजिए।"

मैंने दे दिये और वियतनाम की समस्या आखिर कुल दस रुपए में निपट गई।

एक दिन एक नीति वाले भी आ गए। बड़े तैश में थे।

कहने लगे, "हद हो गई। चेकोस्लोवाकिया में रूस का इतना हस्तक्षेप! आपको फौरन वक्तव्य देना चाहिए।"

मैंने कहा, "मैं न रूस का प्रवक्ता हूँ न चेकोस्लोवाकिया का। मेरे बोलने से क्या होगा ?"

वे कहने लगे, "मगर आप भारतीय हैं, लेखक हैं, बुद्धिजीवी हैं। आपको कुछ कहना ही चाहिए।"

मैंने कहा, "बुद्धिजीवी वक्तव्य दे रहे हैं, यही काफी है। कल वे ठीक उलटा वक्तव्य भी दे सकते हैं, क्योंकि वे बुद्धिजीवी हैं।"

वे बोले, "यानी बुद्धिजीवी बेईमान भी होता है?"

मैंने कहा, "आदमी ही तो ईमानदार या बेईमान होता है। बुद्धिजीवी भी आदमी ही है। वह सूअर या गधे की तरह ईमानदार नहीं हो सकता। पर यह बतलाइए कि इस समय क्या आप चेकोस्लोवाकिया के कारण परेशान हैं? आपकी पार्टी तो काफी नारे लगा रही है। एक छोटा-सा नारा आप भी लगा दें और परेशानी से बरी हो जाएँ।"

वे बोले, "बात यह है कि मैं एक खास काम से आपके पास आया था। लड़के ने रूस की लुमुम्बा यूनिवर्सिटी के लिए दरख्वास्त दी है। आप दिल्ली में किसी को लिख दें तो उसका सिलेक्शन हो जाएगा।"

मैंने कहा, "कुल इतनी-सी बात है! आप चेकोस्लोवाकिया के कारण परेशान हैं। रूस से नाराज हैं। पर लड़के को स्कॉलरशिप पर रूस भेजना भी चाहते हैं?"

वे गुमसुम हो गए। मुझ अशुद्ध बेवकूफ की दया जाग गई।

मैंने कहा, "आप जाइए। निश्चिन्त रहिए—लड़के के लिए जो मैं कर सकता हूँ, करूँगा।"

वे चले गए।

बाद में मैं मजा लेता रहा। जानते हुए बेवकूफ बनने वाले 'अशुद्ध' बेवकूफ के अलग मजे हैं।

मुझे याद आया, गुरु कबीर ने कहा था : 'माया महा ठगनि हम जानी।'

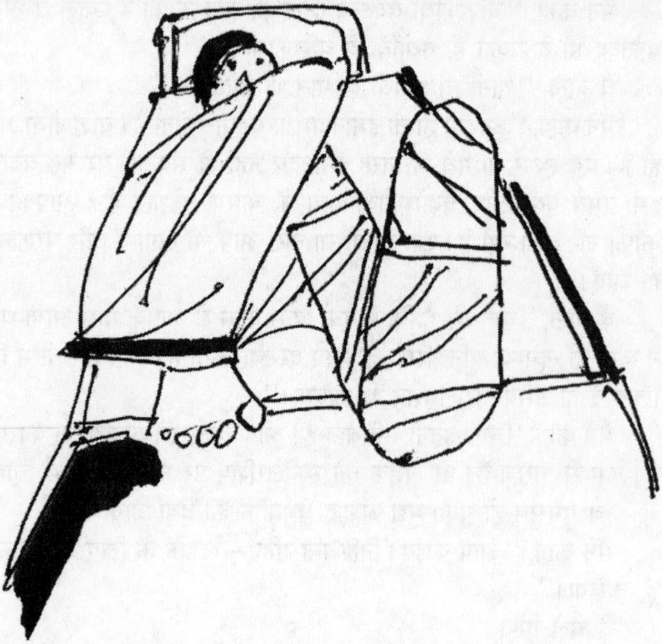

सम्मान और फ्रेक्चर

इन दिनों मेरे चरण के दर्शन के लिए बहुत लोग आ रहे हैं। यों ब्राह्मण का बेटा हूँ, उम्र भी काफी है, पर चरण छूने वाले इधर ध्यान ही नहीं देते थे। वे आचार्यों और उच्च वर्ण के नेताओं के चरण छूने में व्यस्त थे। ये श्रद्धेय सवेरे चरण-स्पर्श का नाश्ता करते हैं। भयंकर शीत में भी पाँव चादर के बाहर रखते हैं, जिससे श्रद्धालु को चरण तलाशने में तकलीफ न हो। फिर साबुन से सारे शरीर को तो नहाकर स्वच्छ कर लेंगे, पर चरणों को गन्दा रखेंगे—श्रद्धालु को यदि चरणों की रज चाहिए, तो उसका इन्तजाम भी तो होना चाहिए।

अब चरण मेरे भी तो देखे जा रहे हैं और स्पर्श भी किए जा रहे हैं। जिन्हें मेरी सूरत से भी नफरत है, वे भी दुनियादारी निभाने आते हैं, चरण देखते हैं, हाथ फेरकर पूछते हैं—दर्द कहाँ है? अब तो कई बुजुर्ग भी, जिनके चरण मैं खुद छूना चाहता था, पर जिन्होंने अपने सामाजिक आचरण से मुझे मौका नहीं दिया, वे भी मेरे चरण पर हाथ फेर देते हैं।

एकाएक मेरे चरण इतने पवित्र क्यों हो गए? इनमें श्रद्धा के कीड़े नहीं आए, एक पाँव में छोटा-सा 'फ्रेक्चर' हो गया है। हड्डी तिड़क गई है। प्लास्टर चढ़ा है और मैं इस 'फ्रेक्चर' को बड़े प्यार से पाले हूँ कि साहित्य और समाज की सेवा ने नहीं, इस 'फ्रेक्चर' ने बड़ों-बड़ों से पैर छुलवा दिये। मुझे प्लास्टर निकलने की जल्दी नहीं है। ठीक होने के बाद भी यों ही, शौकिया बँधा रहे, तो शहर में जो वंचित रह गए हैं, वे भी आकर चरणों की रज ले जाएँ। मैं एक सम्मान लेकर आया हूँ।

'फ्रेक्चर' हुआ कैसे? यह 'शुभचिन्तकों' और कुछ लेखकों के लिए शोध का विषय हो गया है। जल्दी ही कुछ को डॉक्टरेट मिलेगी। अपनी तरफ से इतना जानता हूँ कि टेलीफोन के तारों के लिए लम्बा गहरा गड्ढा खोदा गया था। मेरे साथ दो आदमी और थे, जो उसी होटल में ठहरे थे। हम गड्ढा पार करने लगे, तो पाँव फिसले। वे दोनों मौका देखकर चलने वाले थे। वे फौरन लुढ़क गए और फिर उठ खड़े हुए और धूल पोंछ डाली। मैं लुढ़का नहीं। बाएँ पैर से पार करने लगा, तो टखने के पास 'किच्च' से कुछ हुआ। मुझे बाद में पछतावा भी हुआ कि मैं भी क्यों नहीं लेट गया। गिर क्यों नहीं गया? गिरने के बड़े फायदे हैं। पतन से न मोच आती, न फ्रेक्चर होता। कितने ही लोग मैंने कितने ही क्षेत्रों में देखे हैं, जो मौका देखकर एकदम आड़े हो जाते हैं। न उन्हें मोच आती, न उनकी हड्डी टूटती। सिर्फ धूल लग जाती है, पर यह धूल कपड़ों में लगती है, आत्मा में नहीं। वे उसे झाड़ लेते हैं, और इस शान से चलते हैं, जैसे आड़े होकर गिरे ही नहीं।

बात यह है कि हड्डी टूटने के लिए हड्डी चाहिए। किसी ने सुना है कि किसी केंचुए का कभी 'फ्रेक्चर' हुआ? उसकी हड्डी ही नहीं है। लहरिया मारकर किलबिलाकर बड़े-बड़े गड्ढे पार कर लेता है। यह अलग बात है कि मेढक उसे निगल लेता है। पर जिसकी हड्डी नहीं है, उसकी यह नियति है कि मेढक-जैसा फुदकने वाला 'बॉस' उसे निगल जाए। मेरे दोनों पाँवों में फ्रेक्चर हो चुके हैं। अब रीढ़ की हड्डी बची है। इसकी मैं बड़ी सावधानी से रक्षा करता हूँ। बहुत आदमियों की रीढ़ की हड्डी नहीं होती। वे बहुत लचीले होते हैं। उन्हें चाहें तो आप बोरे में भी डालकर ले जा सकते हैं। ले ही जाते हैं। मैं लगातार देख रहा हूँ कि राजनीति और साहित्य में बहुत लोग ऑपरेशन करवा के रीढ़ की हड्डी निकलवा लेते हैं फिर इन्हें चाहे बोरे में भर लीजिए या सूटकेस में डाल लीजिए और कुली पर लदवाकर चाहे जहाँ जाइए।

सम्मान और पुरस्कार के प्रति मैं शंकालु हूँ। सम्मान से आत्मा में मोच आती है और पुरस्कार से व्यक्तित्व में 'फ्रेक्चर' होता है। एक जगह मेरा सम्मान हुआ था और थोड़ा पुरस्कार भी दिया गया था। देने वाले रईस थे, पर मुझे लगा था कि ये मुझे उसी तरह दे रहे हैं, जैसे मछली को दाना चुगाते हैं। उनके लिए मछली को

दाना चुगाने और लेखक को पैसा देने में कोई अन्तर नहीं था। दूसरी आशंका मेरी यह भी थी कि शासकीय माहौल है। कहीं यह समारोह कलाकारों का राहत-कार्य न हो जाए। 'मस्टर रोल' से मुझे बड़ा डर लगता है।

पर जिस शालीनता, विनयशीलता और खूबसूरती से समारोह हुआ, उससे मुझे खूब अच्छा लगा। चापलूसी कर रहा हूँ भविष्य के लिए। (है न?) बड़ी-सी माला पहनाई गई। तरह-तरह के अनजाने रंग-बिरंगे फूलों की बड़ी माला। वजनदार माला गर्दन झुकाने के काम आती है। तीन-चार किलो की माला गर्दन में डाल दो तो अच्छी-अच्छी अकड़ी गर्दनें झुक जाती हैं। मुझे तो गेंदे की माला पसन्द है। सर्वहारा फूल है, चाहे जहाँ पैदा हो जाता है। न खाद चाहिए, न माली—और पंखुड़ियाँ तीर की तरह। आभिजात्य फूल मुझे पहचान में ही नहीं आते। यों अब सुना है, बड़े अफसरों की तरक्की इस बात पर निर्भर करने लगी है कि किसके पास कितने तरह के 'कैक्टस' हैं। भटकटैया को प्रतिष्ठा मिल गई, इस सभ्यता में।

'कौन ठगवा नगरवा लूटल हो'—कबीर का यह पद कुमार गन्धर्व ने खूब मस्ती से गाया। मैं चाहता था कि वे यह भी गाते—'चली कुलबोरन गंगा नहाय के!' साहित्यिक चर्चा की तीन बैठकों में आखिरी बैठक में 'ठगवा' ने 'नगरवा' लूट लिया। कुछ बुद्धिजीवी बेचारे कहाँ तक बरदाश्त करते? 'मैं' और 'तू' ही वह 'ठगवा' है जो नगरवा लूटने लगा। विषय गम्भीर थे। भारतीय चिन्तनधारा, भारतीय दर्शन में द्वन्द्व का अभाव, ब्रह्म जिज्ञासा, मार्क्सवादी सौन्दर्यशास्त्र आदि, ये सब किनारे पड़े रह गए और 'रमैया की दुलहन ने' बाजार लूटना शुरू कर दिया।

दर्शन से लोग फौरन व्यक्तिगत छींटाकशी और व्यक्तिगत कमजोरियों पर आ गए। विषय सामने खड़ा हुआ घूरकर जवाब माँग रहा था। मगर उसकी तरफ पीठ करके हम लोगों ने अपने विषय अलग निकाल लिए। मुझे भी लगा कि बहुत-से विषय पुराने पड़ गए। अब शोध नए विषयों पर होना चाहिए। 'प्रेमचन्द के नारी पात्र' पर कब तक शोध होती रहेगी? अब लेखकों के व्यक्तिगत चरित्र पर शोध होना चाहिए। जैसे इसी पर कि क्या यह सच है कि एक शहर में जैनेन्द्र ने भाषण में कहा—आपने बुलाया। मैं आया। सका, सो कहा। न सका, सो न कहा। न आता, तो भी आता। आया, तो भी नहीं आया। आपने मुझे धन दिया। पर घर लौटूँगा तो बच्चे पूछेंगे कि हमारे लिए क्या लाए? मुझे निरुत्तर मत कीजिए। सुना है, इधर घी अच्छा होता है। तो तीन-चार किलो घी डिब्बे में रख दीजिए! बाकी तो सब माया है। अच्छा घी ही परम सत्य है। (यह बात मुझे एक शोधार्थी लेखक ने ही बताई थी।)

इस पर भी शोध हो सकती है कि कौन लेखक पत्नी को महीने में कितनी बार पीटता है—अमावस्या की काली रात में पीटता है, ग्यारस के व्रत के बाद पीटता है या पूर्णिमा की चाँदनी की छटा में पीटता है :

चाँदेर हाँसि बाँध भेगेछे
उछ्ले पड़े आलो
ओ प्रियतम! तुमि
लात घूँसा मारो।

रवीन्द्रनाथ माफ करेंगे। उन्होंने कहा है—'ओ रजनीगन्धा, तोमार गन्ध सुधा ढालो।' पर हमें गम्भीर शोध करना है। इस तरह के शोधकर्मी को नीचे का फ्लैट लेना चाहिए, जिससे वह ऊपर की धमाचौकड़ी का साहित्यिक विश्लेषण कर सके।

और भी इस तरह के विषय हैं।

एक गम्भीर लेखक ने कहा, "यह क्या व्यक्तिगत छीछालेदर हो रही है! विषय पर आओ। ऐतिहासिक परिप्रेक्ष्य में हमें चीजों को देखना है।"

ऐतिहासिक परिप्रेक्ष्य में क्या देखेंगे?

हम तो गलत पढ़े इतिहास की अवैध सन्तानें हैं।

बहरहाल प्लास्टर बँधा है। एक साथ दो पुरस्कार लेकर आया हूँ। प्रशस्ति-पटल भूल जाऊँगा। पर कड़ी ठंड में जब यह चोट कसकेगी, तब सम्मान की याद दिलाएगी।

मुझे विश्वास है, यह लेख यथास्थान पहुँचा दिया जाएगा और कहा जाएगा—'देखिए, किस नमकहराम को पुरस्कार दे दिया!'

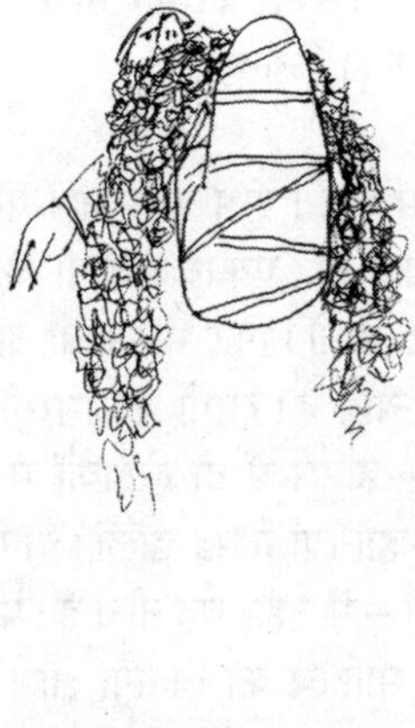

पिटने-पिटने में फर्क

[यह आत्म-प्रचार नहीं है। प्रचार का भार मेरे विरोधियों ने ले लिया है। मैं बरी हो गया। यह ललित निबन्ध है।]

बहुत लोग कहते हैं—तुम पिटे। शुभ ही हुआ। पर तुम्हारे सिर्फ दो अखबारी वक्तव्य छपे। तुम लेखक हो। एकाध कहानी लिखो। रिपोर्ताज लिखो। नहीं तो कोई ललित निबन्ध लिख डालो। पिट भी जाओ और साहित्य-रचना भी न हो, यह साहित्य के प्रति बड़ा अन्याय है। लोगों को मिरगी आती है और वे मिरगी पर उपन्यास लिख डालते हैं। टी-हाउस में दो लेखकों में सिर्फ माँ-बहन की गाली-गलौज हो गई। दोनों ने दो कहानियाँ लिख डालीं। दोनों बढ़िया। एक ने लिखा कि पहला नीच है। दूसरे ने लिखा—मैं नहीं, वह नीच है। पढ़नेवालों ने निष्कर्ष निकाला कि दोनों ही नीच हैं। देखो, साहित्य का कितना लाभ हुआ कि यह सिद्ध हो गया

कि दोनों लेखक नीच हैं। फिर लोगों ने देखा कि दोनों गले मिल रहे हैं। साथ चाय पी रहे हैं। दोनों ने माँ-बहन की गाली अपने मन के कलुष से नहीं दी थी, साहित्यिक साधना के लिए दी थी। ऐसे लेखक मुझे पसन्द हैं।

पिटाई की सहानुभूति के सिलसिले में जो लोग आए, उनकी संख्या काफी होती थी। मैं उन्हें पान खिलाता था। जब पान का खर्च बहुत बढ़ गया, तो मैंने सोचा, पीटनेवालों के पास जाऊँ और कहूँ, 'जब तुमने मेरे लिए इतना किया है, मेरा यश फैलाया है, तो कम-से-कम पान का खर्च दे दो। चाहो तो एक बेंत और मार लो। लोग तो खरोंच लग जाए तो भी पान का खर्च ले लेते हैं।'

मेरे पास कई तरह के दिलचस्प आदमी आते हैं।

आमतौर पर लोग आकर यही कहते हैं, 'सुनकर बड़ा दुख हुआ। बड़ा बुरा हुआ।'

मैं इस 'बुरे लगने' और 'दुख' से बहुत बोर हो गया। पर बेचारे लोग और कहें भी क्या?

मगर एक दिलचस्प आदमी आए। बोले, "इतने सालों से लिख रहे हो। क्या मिला? कुछ लोगों की तारीफ! बस! लिखने से ज्यादा शोहरत पिटने से मिली। इसलिए हर लेखक को साल में कम-से-कम एक बार पिटना चाहिए। तुम छह महीने में एक बार पिटो। फिर देखो कि बिना एक शब्द लिखे अन्तर्राष्ट्रीय ख्याति के होते हो कि नहीं। तुम चाहो तो तुम्हारा यह काम मैं ही कर सकता हूँ।"

मैंने कहा, "बात सही है। जब जरूरत होगी, आपको तकलीफ दूँगा। पर यार, ज्यादा मत मारना।"

पिटा पहले भी हूँ।

मैट्रिक में था तो एक सहपाठी रामेश्वर से मेरा झगड़ा था। एक दिन उसे मैं ढकेलते-ढकेलते कक्षा की दीवार तक ले गया। वह फँस गया था। मैंने उसे पीटा। फिर दोनों में अच्छे सम्बन्ध हो गए। स्कूली-लड़ाई स्थायी नहीं होती। पर वह गाँठ बाँधे था। हमारे घर से स्कूल डेढ़ मील दूर था। एक दिन हम दोनों गपशप करते शाम के झुटपुटे में आ रहे थे कि वह एकाएक बोला, "अरे, यह रामदास कहाँ से आ रहा है? वह देखो!" मैं उस तरफ देखने लगा। उसने बिजली की तेजी से मेरी टाँगों में हाथ डाला और वह पटकनी दी कि मैं नाले के पुल से नीचे गिर पड़ा। उठा। शरीर से, ताकत से, मैं ड्योढ़ा पड़ता था। सोचा, इसे दमचूँ। पर उसने बड़े मजे की बात कही। कहने लगा, "देखो, अदा-बदा हो गए। अपन अब पक्के दोस्त। मैंने तुम्हें कैसी बढ़िया तरकीब सिखाई है।" मैंने भी कहा, "हाँ, यार, तरकीब बढ़िया है। मैं काफी दुश्मनों को ठीक करूँगा।" फिर मैंने चार विरोधियों को वहीं आम के झुरमुट

में पछाड़ा। तरकीब वही—साथ जा रहे हैं। एकाएक कहता—अरे, वह उधर से श्यामसुन्दर आ रहा है। वह उधर देखने लगता और मैं उसकी टाँगों में हाथ डालकर सड़क के नीचे के गड्ढे में फेंक देता।

यह तो स्कूल की पिटाई हुई।

लिखने लगा, तो फिर एक बार पिटाई हुई। आज से पन्द्रह-बीस साल पहले। मैं कहानियाँ लिखता और उसमें 'कमला' नाम की पात्री आ जाती। कुछ नाम कमला, विमला, आशा, सरस्वती ऐसे हैं कि कलम पर यों ही आ जाते हैं।

मुझे दो चिट्ठियाँ मिलीं—'खबरदार, कभी कमला कहानी में आई तो ठीक कर दिए जाओगे। वह मेरी प्रेमिका है और तुम उससे कहानी में हर कुछ करवाते हो। वह ऐसी नहीं है।'

मैं बात टाल गया।

एक दिन सँकरी गली से घर आ रहा था। आगे गली का मोड़ था। वहीं मकान पीछे की दीवार थी। एक आदमी चुपचाप पीछे से आया और ऐसे जोर से पीछे से धक्का दिया कि मैं दीवार तक पहुँच गया। हाथ आगे बढ़ाकर मैंने दीवार पर रख दिये और सिर बचा लिया, वरना सिर फूट जाता। बाद में मालूम हुआ कि वह शहर का नम्बर एक का पहलवान है। मैंने कमला को विमला कर दिया। लेखक को नाम से क्या फर्क पड़ता है!

पर यह जून वाली ताजा पिटाई बड़ी मजेदार रही। मारने वाले आए। पाँच-छह बेंत मारे। मैंने हथेलियों से आँखें बचा लीं। पाँच-सात सेकंड में काम खत्म। वे दो वाक्य राजनीति के बोलकर हवा में विलीन हो गए।

मैंने डिटाल लगाया और एक-डेढ़ घंटे सोया। ताजा हो गया।

तीन दिन बाद अखबारों में खबर छपी तो मजे की बातें मेरे कानों में शहर और बाहर से आने लगीं। स्नेह, दुख की आती ही थीं, पर :

—अच्छा पिटा।

—पिटने लायक ही था।

—घोर अहंकारी आदमी।

—ऐसा लिखेगा तो पिटेगा ही।

—जो लिखता है, वह साहित्य है क्या? अरे, प्रेम-कहानी लिख। उसमें कोई नहीं पिटता।

कुछ लेखकों की प्रसन्नता मेरे पास तक आई। उनका कहना था—अब यह क्या लिखेगा? सब खत्म। हो गया इसका काम तमाम। बहुत आग मूतता था। पर मैंने ठीक वैसा ही लिखना जारी रखा और इस बीच पाँच कहानियाँ तथा चार निबन्ध लिख डाले और एक डायरी-उपन्यास तिहाई लिख लिया है।

सहानुभूति वाले बड़े दिलचस्प होते हैं। तरह-तरह की बातें करते हैं। बुजुर्ग-बीमार-वरिष्ठ साहित्यकार बाबू रामानुजलाल श्रीवास्तव ने अपनी मोटी छड़ी भेजी और लिखा, 'अब यह मेरे काम की नहीं रही। मेरी दुनिया अब बिस्तर हो गई है। इस छड़ी को साथ रखो।'

लाठी में गुन बहुत हैं, सदा रखिए संग...

एक अपरिचित आए और एक छड़ी दे गए। वह गुप्ती थी, पर भीतर का फलक नहीं था। मूठ पर पैने लोहे का ढक्कन लगा था, जिसके कनपटी पर एक वार से आदमी पछाड़ खा जाए।

मेरे चाचा नम्बर एक के लठैत थे। वे लट्ठ को तेल पिलाते थे और उसे 'दुखभंजन' कहते थे। मुहल्ले के रंगदार को, जो सबको तंग करता था, उन्होंने पकड़ा। सामने एक पतले झाड़ से बाँधा और वह पिटाई की कि वह हमेशा के लिए ठीक हो गया। मैंने ही कहा, "दादा, इसे अब छोड़ दो।" उन्होंने छोड़ दिया, मगर कहा, "देख, मैंने 'दुखभंजन' से काम नहीं लिया। गड़बड़ की तो 'दुखभंजन' अपना काम करेगा।"

वह 'दुखभंजन' पता नहीं, कहाँ चला गया। उनकी मृत्यु हो गई, पर वे शीशम की अपनी छड़ी छोड़ गए हैं।

एक साहब एक दिन आए। एक-दो बार दुआ-सलाम हुई होगी। पर उन्होंने प्रेमी मित्रों से ज्यादा दुख बताया। मुझे आशंका हुई कि कहीं वे रो न पड़ें।

वे मुझे उस जगह ले गए, जहाँ मैं पिटा था। जगह का मुलाहजा किया।

—कहाँ खड़े थे?

—किस तरफ देख रहे थे?

—क्या वे पीछे से चुपचाप आए?

—तुम सावधान नहीं थे?

—कुल पाँच-सात सेकंड में हो गया?

—बिना चुनौती दिये हमला करना कायरता है। सतयुग से चुनौती देकर हमला किया जाता रहा है, पर यह कलियुग है।

मैं परेशान। जिस बात को ढाई महीने हो गए, जिसे मैं भूल जाना चाहता हूँ, उसी की पूरी तफतीश कर रहा है। कहीं यह खुफिया विभाग का आदमी तो नहीं है? पर जिसका सब खुला है, उसे खुफिया से क्या डर!

वे आकर बैठ गए।

कहने लगे, "नाम बहुत फैल गया है। मंत्रियों ने दिलचस्पी ली होगी?"

मैंने कहा, "हाँ, ली।"

वे बोले, "मुख्यमंत्री ने भी ली होगी। मुख्यमंत्री से आपके सम्बन्ध बहुत अच्छे होंगे?"

मैंने कहा, "अच्छे सम्बन्ध हैं।"

वे बोले, "मुख्यमंत्री आपकी बात मानते हैं?"

मैंने कहा, "हाँ, मान भी लेते हैं।"

मैं परेशान कि आखिर ये बातें क्यों करते हैं? क्या मकसद है?

आखिर वे खुले।

कहने लगे, "मुख्यमंत्री आपकी बात मानते हैं। लड़के का तबादला अभी काँकरे हो गया है। जरा मुख्यमंत्री से कहकर उसका तबादला यहीं करवा दीजिए।"

पिटे तो तबादला करवाने, नियुक्ति कराने की ताकत आ गई—ऐसा लोग मानने लगे हैं। मानें। मानने से कौन किसे रोक सकता है! यह क्या कम साहित्य की उपलब्धि है कि पिटकर लेखक तबादले कराने लायक हो जाए? सन् 1973 की यह सबसे बड़ी साहित्यिक उपलब्धि है। पर अकादमी माने तो!

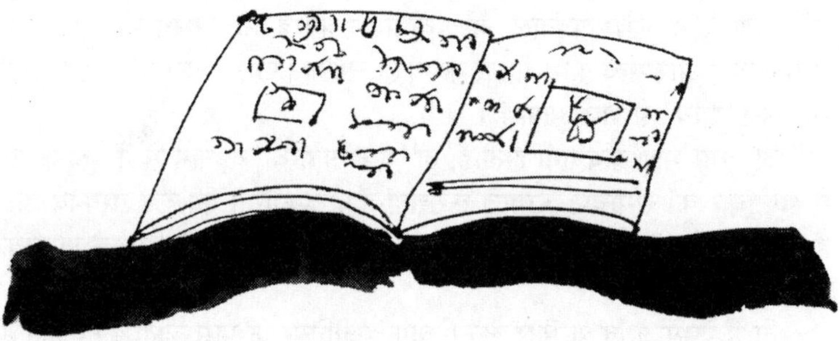

बचाव पक्ष का बचपन

सुरेश मेरा 'लँगोटिया यार' है। बचपन में साथ पढ़े हैं। साथ कक्षा में मूँगफली खाते पकड़े जाने पर पिटे हैं। अब लँगोट आम तौर पर नहीं पहने जाते। 'अंडरवेअर' (चड्डी) पहनी जाती है। इसलिए अब 'लँगोटिया यार' नहीं, 'चड्डी यार' होते हैं। लँगोट सख्ती से कसी जाती थी, तो यारी भी मजबूत होती थी। अब चड्डी ढीलमपोल होती है, इसलिए यारी भी ढीलमपोल हो गई है। पर कुछ दोस्त अभी भी लँगोट युग में हैं—जैसे सुरेश।

सुरेश पहले शिक्षक था। कुछ साल 'पापड़ बेले'। फिर बेलन फेंककर एक छोटा-सा साप्ताहिक पत्र एक छोटे-से शहर से निकाला। पत्र वह मुझे भेजता था। स्वभाव से वह शुरू से तीखा रहा है। अपने पत्र में तिलमिला देने वाली तीखी बातें लिखता। साथी गरीब जनता का है। बड़े लोग उससे इतने जलते-भुनते हैं कि कई का भुरता बन चुका है। बस, मसाला डालकर खाने की देर है।

वह मुझे समय-समय पर लिखता है। एक चिट्ठी में लिखा—पत्र बिकता खूब है। खूब पढ़ा जाता है। पर आमदनी बिकने से नहीं, विज्ञापनों से होती है। किसी तरह परिवार का खर्च चल जाता है। बहुत आर्थिक कष्ट होता है, तो हल्का-सा 'पीला' भी हो जाता हूँ—उन पत्रकारों की तरह नहीं, जो लखपति होने के लिए गहरे 'पीले' होते हैं। मैं तो सिर्फ केसरिया होता हूँ—साल में दो-तीन बार।

तरकीब यूँ है। पुल बन रहा है। बड़े ओहदे के इंजीनियर हैं, छोटे इंजीनियर हैं। ठेकेदार हैं। पुल बन रहा है। देश की संस्कृति इतना विकास कर चुकी है कि अब जाँच की तकलीफ उठाए बिना भी यह निश्चित कहा जा सकता है कि पैसा खाया जा रहा होगा, भ्रष्टाचार होगा ही। जब उद्घाटन-भाषण पूरा होने के पहले ही पुल गिर जाता है, तो जाँच-पड़ताल, जाँच कमीशन वगैरह की जरूरत ही नहीं है। यह युग-सत्य है और सत्य को स्वीकार करना ही चाहिए। पहले 'असत्य' से शर्म आती थी, अब 'सत्य' से शर्म आती है।

तो, प्यारे भाई, जब तंगी होती है, तो 'एक नागरिक' के नाम से मैं पुल के बारे में भ्रष्टाचार का समाचार कम्पोज करवाता हूँ। पत्रकारिता की कई तरकीबें होती हैं—'सुना जाता है...', 'अफवाह है कि...', 'ज्ञात हुआ है कि...', 'अनेक नागरिकों के दस्तखत' आदि।

तो मैं कम्पोज किया मैटर लेकर चीफ इंजीनियर के पास जाता हूँ। कहता हूँ, 'शहर में बड़ी चर्चाएँ हैं। पचीसों पत्र छपने को आ रहे हैं। हम पत्रकारों का भी कर्तव्य है। मैं जानता हूँ कि आप जैसे कर्तव्यनिष्ठ और ईमानदार अफसर के होते हुए भ्रष्टाचार हो नहीं सकता (भ्रष्टाचार के सम्मान में वैसे डिपार्टमेंट उसका अभिनन्दन करने वाला है), पर हम नागरिकों की शिकायत कब तक दाबे रहें? यह मैटर परसों के अंक में जा रहा है।'

साहब कहता है, 'मैं जानता हूँ कि आप एक आदर्श पत्रकार हैं। झूठ कभी नहीं छापते। आप चाय पीजिए। मैं आधा घंटे में जाँच करता हूँ।' वह दूसरे कमरे में ठेकेदारों और इंजीनियरों को बुलाता है। सलाह करके लौटता है।

कहता है, 'इतना बड़ा काम है। कहाँ-कहाँ देखा जाए? पर मैं आपकी जागरूकता की तारीफ करता हूँ। मैं अब बड़ी सख्ती से काम को देखूँगा। पर हम लोगों को सचेत रखने के लिए आपके जैसा पत्र निकलना जरूरी है। यह हम लोगों के हित में है। आप बड़ी सेवा कर रहे हैं और बड़ी कठिनाई से कर रहे हैं।'

फिर वह दो हजार के नोट मेरे हाथ में देकर कहता है, 'यह हम लोगों की विनम्र सहायता है पत्र के लिए।' मैं ले आता हूँ। समाचार फिर इस तरह देता हूँ—'चीफ इंजीनियर का आश्वासन! भ्रष्टाचार न होगा, पुल बढ़िया बनेगा। जनता अफवाहों पर ध्यान न दे। पूरी ईमानदारी और मुस्तैदी से काम हो रहा है।'

इसमें मेरी बेईमानी बिलकुल नहीं है। बेईमानी से लेना बेईमानी नहीं होती। फिर समाचार ऐसा बनाता हूँ कि पुल वाले समझते हैं कि यह हमारे पक्ष में है। मगर जनता सही हालत समझ लेती है।

तो दोस्त, यों चल रहा है। अब मैं सामाजिक और राजनीतिक मामलों में भी थोड़ा सक्रिय हो गया हूँ। तीखे भाषण देता हूँ, तीखा लिखता हूँ। हजारों की संख्या में जनता सुनती है। पर कुछ लोग नाराज रहते हैं। जनता जिस बात पर ताली पीटती है, उसी पर कुछ लोग रोते हैं। जनता को रूमाल से इनके आँसू पोंछना चाहिए।

एक राजनीतिक दल जो मुनाफाखोरों का समर्थक है, मुझसे बहुत नाराज। मुझे धमकियाँ मिलतीं, पर मैं दबा नहीं।

आखिर एक दिन सूनी सड़क पर रात को उन्होंने मुझे पीट दिया। धमकी दी कि अभी तो पिटे ही हो, आगे जान जाएगी।

जनता में हल्ला मचा। पीटने वाले एक राजनीतिक दल के। रोष दूर-दूर तक फैला। जनता ने विशाल जुलूस निकाला और मैं खुद न रोकता तो बड़ी हिंसा होती। आखिर पुलिस को सक्रिय होना पड़ा। केस बना। मेरे साथ पिस्तौल लेकर एक पुलिस वाला चलने लगा। यानी पिटने से—अच्छे काम से नहीं—वी.आई.पी. हुआ।

अब यार, मजे की बात सुनो। दल की बदनामी से वे लोग परेशान। अगर बात सिद्ध हो गई कि हमारे दल ने मारा तो बड़ी बदनामी होगी। लोग जो साथ हैं, बिचकेंगे। क्या करें? घटना को क्या रूप दें कि बदनामी न हो? आखिर उनके महान बुद्धिवादियों ने यह रास्ता निकाला—यह मामला न राजनीतिक कारणों से हुआ, न सामाजिक। सुरेशजी ने एक कॉलेज की लड़की को छेड़ दिया था और उसके भाई सुरेशजी को पीट गए। यह प्रचार खूब उन्होंने किया। कहा—'हमारी पार्टी को क्या मतलब? कोई बहन को छेड़ेगा, तो भाई पीटेंगे ही।'

तुम जानते हो, मैं पचास का हो गया। सब मुझे जानते हैं। मैं सड़क पर लड़की को कैसे छेड़ सकता हूँ? चाहूँ तो घर में ही औरतें बुला सकता हूँ—चुपचाप। बड़ा लड़का अभी डॉक्टर हुआ है। छोटा कॉमर्स में एम.ए. कर रहा है। लड़की दसवीं में पढ़ती है। भानजी बी.ए. में पढ़ती है।

और मैं सड़क पर लड़की को छेड़ता हूँ। जब यह मूर्खतापूर्ण झूठ सुना गया तो लड़के, लड़की, भानजे, भतीजे खूब हँसे। कहने लगे, 'आप इस उम्र में लड़की को छेड़ते हैं? हमारा चान्स मारते हैं?' फिर गम्भीर हो बोले, 'ये लोग फँस गए हैं। पकड़ लिए गए हैं। केस चलेगा। पर अपने को बदनामी से बचाने के लिए, ये हमारे परदादा की उम्र के ज्ञानी लोग, कोई और बात नहीं सोच सकते थे?' भानजी ने कहा, 'मामा, हम सब क्लास की लड़कियाँ खूब हँसीं इस मूर्खता और बदमाशी की बात पर।'

दोस्त, मैं चाहता हूँ, वह लड़की अदालत में हाजिर हो और बयान दे। मैं उसे कम-से-कम देख तो लूँ। कौन भाग्यशालिनी है वह? जहाँ तक उस दलवालों की

औरतों का सवाल है, एक भी इस योग्य नहीं कि छेड़ी जाए, बल्कि लोग डरते हैं कि कहीं ये देवियाँ न छेड़ दें!

प्यारे भाई, तुम जानते हो, जवानी में सब कुछ–न–कुछ करते हैं—वरना जवानी बेकार है। जवानी की दुकान बन्द कर देनी चाहिए और लवण भास्कर चूर्ण बेचना चाहिए, बूढ़ों के लिए।

मैं छह–सात साल एक स्कूल में मास्टर रहा। मास्टर होना एक अभिशाप है। आपने कोई प्रेमिका पटाई है। मिलने की जगह तय कर रखी है। पर एकाएक एक विद्यार्थी निकलता है। पूछता है, 'सर, कैसे खड़े हैं?' घबराकर मास्टर कहता है, 'रिक्शे का इन्तजार कर रहा हूँ।' वह कहता है, 'सर, मैं साइकिल पर जाकर अभी चौराहे से रिक्शा ले आता हूँ।'

बेचारा मास्टर कहता है, 'नहीं, त्रिपाठी मास्साब भी आ रहे हैं। हम दोनों क़ो तिवारी मास्साब के यहाँ जाना है। तुम जाओ।'

मैं जिस स्कूल में पढ़ाता था, वहाँ टीचर्स–ट्रेनिंग कॉलेज की छात्राएँ अभ्यास के लिए आया करती थीं। हम लोग उन्हें बताते थे कि इस तरह पढ़ाना चाहिए। जो विषय पढ़ाने के लिए वे लिखकर, तैयार करके लातीं, उसमें मैं भी साथ बैठकर सुधार करवाता। इसे तब 'लेसन प्लान' बोलते थे। कुछ तो ऐसी आती थीं कि देख लो तो शाम को खाना नहीं खाया जाता था। पर कुछ जवान और सुन्दरी भी आती थीं। मेरे बारे में यह बात फैल गई थी कि मैं सो रहा होऊँ, आधी रात को, और कोई जगाकर कहे कि हमें इस विषय का 'लेसन प्लान' बनवा दीजिए, तो मैं अधनींदी हालत में ही पूरा मसौदा बोल देता था। इतनी पकड़ मुझे आ गई थी। मैं 'एक्सपर्ट' कहलाता था।

तो सबसे अधिक भीड़ स्कूल के कामन–रूप में मेरे पास ही होती। मैं जवान और खूबसूरत। अपने को दे देने में कोई हर्ज न मानने वाली जवान स्त्रियाँ भी मेरे पास आती थीं। सारे स्कूल में हल्ला कि यह सुरेश मास्टर 'लेडी किलर' है। औरतों से घिरा रहता है।

एक मुझे अच्छी लगी। गम्भीर, बहुत सुन्दरी, समझदार, शीलवान—यानी सबसे अलग। मैं आकर्षित हुआ। वह भी।

पर सवाल यह कि गुरु मामला छेड़े कैसे? मास्टर की बड़ी दुर्दशा इस मामले में है। शोहदे का रास्ता आसान है।

मैंने सोचा, कविता ठीक रहेगी सिलसिले के लिए।

मैं उसके नोट्स देखते हुए गुनगुनाता 'बच्चन' को :

तुम गा दो मेरा गान अमर हो जाए।
सुन्दर और असुन्दर जग में मैंने क्या न सराहा?
इतनी प्रेममयी दुनिया में मैं केवल अनचाहा।

(बच्चन ने यह झूठ कहा था, पर कविता में झूठ नमक होता है।)

देखूँ आज रुकी है किसकी आ मुझ पर अभिलाषा।
तुम छू दो मेरा प्राण, अमर हो जाए।

तुम जानते ही हो परसाई, कि मेरा स्वर बहुत अच्छा है। वह सुनती और मुझे लगता, वह मुग्ध हो रही है।

पर अन्त में वह कहती, 'सर, इस समीकरण को कैसे पढ़ाना है?'

कम्बख्त गणित में उलझी थी। गणित वाली से प्रेम कैसे हो सकता है? बाद में उसने गणित में डॉक्टरेट कर ली। पर मैं यदि शादी कर लेता, तो वह बिस्तर में 'वेरियेबिल्स' पर बहस करती।

फिर एक मुसलमान युवती सुन्दरी आई। उर्दू उसे खूब आती थी। उर्दू मैंने बहुत पढ़ रखी थी। सोचा—इसे उर्दू में पटाया जाए। पर वह इस तरह आती, जैसे माफी माँगने आ रही है—'माफ कीजिए। आपका कीमती वक्त जाया कर रही हूँ। आप बहुत मेहनत करते हैं। हम सब शुक्रगुजार हैं। तवारीख में मुझे ये कल पढ़ाना है। मैंने तो तैयार कर लिया है, मगर आपकी नजरे इनायत हो जाए!'

वह कॉपी मेरे सामने रख देती। मैं टेबल के नीचे पैर हिलाते-हिलाते शेर गुनगुनाता। उर्दू से पटाना था न!

मैं गुनगुनाता :

आह को चाहिए इक उम्र असर होने तक
कौन जीता है तेरी ज़ुल्फ़ के सर होने तक।

वह सचमुच उर्दू कविता की बहुत प्रेमी जानकार थी।

वह कहती :

शमअ हर रंग में जलती है सेहर होने तक।

मैं कहता, पर मक़ते का शेर बड़े ग़ज़ब का है :

हमने माना कि तग़ाफुल न करोगे लेकिन
खाक हो जाएँगे हम तुमको खबर होने तक।

उसे पता नहीं क्यों आँसू आ गए! उसे भूतपूर्व प्रेमी की याद आ गई होगी। आँसू पोंछते-पोंछते वह बोली :

दिल ही तो है न संग-ओ-खिस्त दर्द से भर न आए क्यों?
रोएँगे हम हज़ार बार, कोई हमें रुलाए क्यों?

मैंने कहा, इसका मक़ता बहुत अच्छा है :

ग़ालिबे ख़स्ता के बगैर कौन से काम बन्द हैं?
रोइए ज़ार-ज़ार क्या, कीजिए हाय-हाय क्यों?

भली लड़की थी। कहने लगी, 'आप इतनी उर्दू कविता पढ़े हैं? आप तो हिन्दी के विद्वान हैं। अदीब भी हैं।'

मैंने कहा, 'देखिए, आदमी के जजबात एक होते हैं। जवान तर्जेबियाँ में फर्क होता है। मुझे ग़ालिब आधा याद है। मीर भी। जिगर भी। और हिन्दी कवि तो खूब पढ़े हैं। अंग्रेजी भी।'

लड़की बहुत चतुर थी। सीनियर केम्ब्रिज पास थी। कहने लगी, 'कोई अंग्रेजी सुनाइए?'

मैंने कहा, 'सुनाता हूँ पर वह मुहब्बत की नहीं है।' मैंने सुनाया शेक्सपीयर :

गुडनेम इन मैन एंड वीमैन, डीअर माई लॉर्ड
इज दी इमीडिएट ज्वेल ऑफ देअर सोल्स
हू स्टील्स माई पर्स स्टील्स ट्रेश
इट वाज माइन, इट इज हिज, एंड मे बी
स्लेव टू थाउजैंड्स
बट ही हू स्टील्स माई गुडनेम
स्टील्स समथिंग
विच नाट एनरिचेज हिम, बट मेक्स मी पूअर इनडीड।

वह समझ गई।

उसका काम खत्म हो चुका था। कहने लगी, 'ग़ालिब का अपने मन का एक शेर सुना दीजिए।'

मैंने सुना दिया :

ये लाश बेक़फ़न असदे-खस्ता जाँ की है
हक मग़फ़रत करे, अजब आज़ाद मर्द था?

उसे आँसू आ गए। प्रेमी की याद आ गई होगी। उसकी शायद मौत हो गई होगी। कहने लगी, 'ज़िगर!'

मैंने सुना दिया :

अभी से तुझको नागवार है हमदम
वो हादसात जो रवाँ-दवाँ गुज़रे।

सोचा—इसका असर पड़ेगा।

पर उठते-उठते बोली, 'आप इधर टाइम क्यों बरबाद करते हैं? आपको सीधे अदब में कूद पड़ना चाहिए। कमाल है, इतने शेर जबानी? एक दिन उन्हें लेकर आऊँगी। वे आपसे मिलकर खुश होंगे।'

मैंने पूछा, 'कौन?'

उसने कहा, 'मेरे मंगेतर हैं। कॉलेज में उर्दू पढ़ाते हैं।'

तो यार परसाई, एक तो गणित में समीकरण के कारण गई और दूसरी का मँगेतर था। तीसरी, जिससे मुझे उम्मीद थी—उसने मुझे दावत दी। मैं गया। पर वहाँ उसके पति और दो बच्चे थे।

'नमस्ते अंकलजी!'

'नमस्ते अंकलजी!'

मैं अधपेटा उठ गया।

फिर मैंने इस मामले में स्थायी नौकरी छोड़कर 'फ्रीलांसिंग' किए। इसमें काफी सफल रहा। तुम जानते ही हो। फिर घर बसा लिया। रात को दो-चार घर ट्राई किए जाएँ, इससे अच्छा है, एक ही घर हो।

पर इस उम्र में जब मैं पचास का हूँ, ये पीटने वाले अफवाह फैला रहे हैं कि मैंने लड़की छेड़ी। मैं जानता हूँ—लड़कियाँ गहरा मेकअप करके कॉलेज आती हैं, इस उम्मीद से कि उन पर ध्यान जाए। लड़के मोहित हों। न मोहित हों तो निराश होती हैं। पर वे गुंडागर्दी नहीं चाहतीं।

शाम को मिलती हैं तो मजे से बातें करती हैं, 'यार, आज तुमने कितनों की जान ली?'

लड़की कहती है, 'सिर्फ दस की।'

दूसरी कहती है, 'अरे यार, हम तो सिर्फ सात को मार पाईं।'

तो प्यारे परसाई, इस उम्र में सुरेश को वह गौरव दिया गया है, जो जवानी में मिलना था। लेट हो गया। फिर भी उनका आभारी हूँ।

पर मैं बहुत खुश हूँ कि इनकी नजर में बूढ़ा नहीं माना जाता।

बस, एक ही कष्ट है। क्या 'डिफेंस' (बचाव पक्ष) में इतनी अक्ल नहीं थी कि कोई और कारण ढूँढ़ लेते? मुझसे ही पूछ लेते तो मैं कोई तरकीब बता देता।

पर यह गौरव मेरे भाग्य में था कि इस उम्र में चौराहे पर खड़ा होकर लड़की पर आवाज कसूँ—जालिम, इधर भी तो देख लिया करो। कहूँ :

मेरे अल्लाह मुझे दो पल की जिन्दगी दे दे
उदास मेरे जनाजे से जा रहा है कोई।

पर प्यारे परसाई, कविता से छेड़छाड़ हो नहीं सकती।

और नए 'वीर' युवकों की तरह मैं छेड़ नहीं सकता। यह कायर छेड़ होती है।

पर एक पुरातन पार्टी ने मुझे यह गौरव दिया, यह क्या कम है?

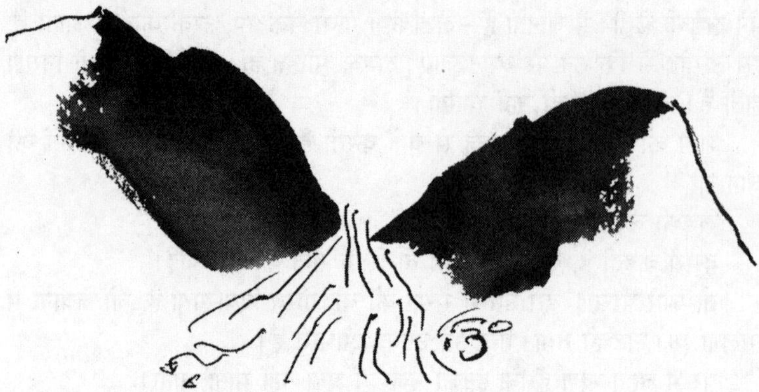

फिर उसी नर्मदा मैया की जय

[होशंगाबाद के जल-प्रलय पर लेखक के नोट्स]

भाई की ससुराल होशंगाबाद में है और उसकी पत्नी तब वहीं प्रलय के बीच थी। होशंगाबाद सरीखा महाविनाश खड़गवासला के बाद दूसरा नहीं हुआ।

मेरी ननिहाल होशंगाबाद के उस पार शाहगंज में है 1926 में पूरा महाप्रलय कहलाता था। विशेषज्ञ कहते थे—एक शताब्दी में ऐसा पूर नहीं आया। अब कहते हैं—पाँच शताब्दियों में इस साल सरीखा पूर नहीं आया। विशेषज्ञ को आदमी से नहीं, आँकड़ों से मतलब है। पाँच सौ साल पहले होशंगाबाद बसा था, इसका क्या सबूत? इसका सबूत कबीरदास के पास ही होगा। पर इस बार के पूर और विनाश-लीला के लिए शब्द नहीं हैं। व्यंग्य-लेखक ने देखा, तो सारा व्यंग्य भूल गया।

मैं 1926 में ननिहाल में था। दो-ढाई साल का था। नर्मदा बढ़ रही थी। मैं पानी में डूब रहा था। हर आदमी आत्मरक्षा में लगा था। जब मैं डूब रहा था, मेरी माँ

एकदम कूद पड़ी। मेरी टाँग पकड़ी और खींच लाई। उस समय माँ-बेटे दोनों बह जाते और मर जाते। पर मेरी माँ ने जान देने का तय करके मुझे बचा लिया। माँ इसी तरह की होती है। सबकी माँ। इस वीर बाला सरस्वती ने भी उसी 'माँ' भावना से सैकड़ों लोगों को बचाया। यह 'माँ' ही कर सकती है।

तब माँ जान की कीमत पर मुझे नहीं बचाती तो हरिशंकर परसाई जैसा आदमी इस दुनिया में न होता। मेरे होने से कुछ मित्रों, देशवासियों को खुशी है, पर बहुत लोगों को दुख भी है। वे सोचते हैं—यह बदमाश 1926 में ही क्यों नहीं मर गया? झंझट ही दूर हो जाता।

'नर्मदा मैया' से मेरा लगाव इस तरह का है। मैं नर्मदा के तट पर पैदा हुआ, उसी नर्मदा में डूब रहा था और अब उसी नर्मदा को दो बार देखकर आ चुका हूँ। मैं नर्मदा-पुत्र ही हूँ।

जिनके घर-बार बह गए, बच्चे डूबकर मर गए, वे मेरे साथ रेल के डिब्बे में थे। पर जब नर्मदा रास्ते में आई तो वे पाँच पैसे डालकर, हाथ जोड़कर कहते—'जै नर्मदा मैया'!

मैं सोचता रह गया, जिनका सबकुछ अभी इसी नर्मदा ने नष्ट कर दिया है, उसी की 'जय' बोल रहे हैं। यह क्या मामला है? मुझे याद आया, कृषि-सभ्यता से यह श्रद्धा चली आ रही है। यह भारतीय मानस से मिटेगी नहीं। नदी जीवनदायिनी भी है और विनाशकारिणी भी। पर विनाश के बाद जीवन वहीं फिर बस जाता है और नए विनाश की राह देखता है। विनाश को भूलकर जीवन फिर वहीं आ जाता है। जिजीविषा बड़ी प्रबल होती है। मनुष्य मृत्यु पर विजय पाने की हर क्षण कोशिश करता है, घायल हो जाता है, पर फिर लड़ने को तैयार हो जाता है।

नर्मदा से मेरा बड़ा घना लगाव है। उन घाटों पर हमने कितनी बार बैठकर आधी रात तक गीत नहीं गाए हैं? कितनी बार हमने पूर्ण चन्द्र को नर्मदा में नहीं देखा है? कितनी बार बरसात में डोंगी या लाठी के सहारे या चट्टानों पर से लहर को बचाकर मैंने पार नहीं किया है? कितनी बार मैंने नर्मदा में सैर नहीं की है, तैरा नहीं हूँ? मैं बिलकुल नर्मदा-पुत्र हूँ। इसी का पानी पिया, इसी में नहाया-तैरा, इसी ने विनाश कर दिया। मैं थोड़ी देर तक स्तब्ध खड़ा रहा।

मेरा एक भावात्मक लगाव नर्मदा से है। पर ऐतिहासिक और समाजशास्त्रीय दृष्टि भी है। कृषि-युग में पम्प नहीं थे, बिजली नहीं थी, ट्यूबवेल नहीं थे। तब नगर नदियों के किनारे बसते थे—पीने को पानी भी, सिंचाई भी, फसल भी और आवागमन का मार्ग भी। तभी से यह श्रद्धा चली आ रही है कि जिसने विनाश कर दिया, उसे भी 'जय नर्मदे'। पर इस जमाने में भी बाढ़ से बचाव का इन्तजाम न हो, यह बात प्राकृतिक मानकर भी शर्मनाक है।

आदमी जगह छोड़ेगा नहीं। पर विज्ञान और टेक्नोलॉजी कहाँ चली गई? जहाँ हर कभी बाढ़ आती है, वहाँ पहले से इन्तजाम क्यों नहीं? आसपास सर्वे क्यों नहीं? खतरे के स्तर पर पहुँचने पर नीची बस्तियाँ खाली क्यों नहीं कराईं?

खैर, छोड़ूँ। मैं बताऊँ कि एक मनुष्य के पतन की जितनी गहराई है, उससे अधिक ऊँचाई मनुष्यता के उत्थान की है। मुझे लोगों ने बताया कि इटारसी के लोगों ने घर खोल दिए थे : 'दुखी भाइयो और बहनो, आओ। हमारे घर में जो है, तुम्हारा है। जितना है, बनाओ और खाओ। आगे हम इन्तजाम करते हैं।' ट्रकें भरकर पका भोजन जाता था। मध्यमवर्ग की महिलाओं ने गहने बेच दिये और कहा—'गहने के बिना आदमी नहीं मरता। अन्न के बिना मरता है। बेच दो इन गहनों को और खाने का सामान लाओ।' लोगों ने कहा—'इटारसी नहीं होता और ऐसे मानवी लोग न होते, तो न जाने कितने हजार लोग मर जाते!' जो दुकान करते हैं, मुनाफा कमाते हैं, उन लोगों में से भी जो पशु नहीं, आदमी थे, दुकानें और गोदामें खोल दीं। भोपाल तक से लोग खाने का सामान लाकर दे जाते थे। न जाने कहाँ-कहाँ से सहायता आई!

इधर मेरे शहर में मीठे तेल में बेकार हुए डीजल को मिलाया जाता है, पर उधर कुछ लोग दुकानें खोल देते हैं कि 'ले जाओ! कोई भूखा न मरे।' कैसा विरोधाभास है? आदमी कब लकड़बग्घा हो जाए और कब करुणा-सागर—ठिकाना नहीं है।

मनुष्य कितना जटिल है! कितना समस्यामूलक है! कितना क्रूर है! कितना दयालु है!

मैं उन सबकी जय बोलता हूँ, जिनने सिद्ध किया कि मैं अभी भी मनुष्य हूँ!

लेकिन बाकी जो बचे, वे बिलबिलाते कीड़े हैं, जो सभ्यता के सड़े भात में पैदा हो जाते हैं।

मैं दूरबीन से आसपास देख रहा था। कहीं गाँव का निशान नहीं।

मैंने जानबूझकर नहीं बताया कि शाहगंज मेरी ननिहाल है। फायदा भी क्या? परिवार यहाँ-वहाँ नौकरी कर रहा है। घर होगा, जो खत्म हो गया होगा। पचासों गाँवों का निशान नहीं है। कोई बूढ़ी नानी या मौसी मर गई होगी। क्या होता है? इतनी नानियाँ और मौसियाँ मर गईं। मेरी भी मर गई हो!

मगर फिर भी मेरी आँखों में आँसू आ गए। यहाँ मालाखेड़ी था, इस तरफ शाहगंज, उस तरफ बुदनी है—पचासों गाँव मेरे ध्यान में आए। कितने दिनों मैं इस धूल में लोटा हूँ। पर अब यहाँ कुछ नहीं।

दिल्ली में यमुना के उस पार सैकड़ों गाँव हर साल बहते हैं, पर लोग बरसात के बाद फिर वहीं झोंपड़ी-झुग्गी बना लेते हैं। मुसीबत को जिसने बन्धु बना लिया है, उससे आदमी को क्या डर?

फिर मुझे याद आता है—मेरी ननिहाल कहाँ गई? बची कि बह गई? लोग मरे कि बचे? मेरे परिवार के लोग बचे कि मर गए?

मैंने किसी से नहीं पूछा। बताया भी नहीं। इतनी ननिहालें नष्ट हो गईं, इतने बच्चे मर गए, इतनी औरतें एक के बाद दूसरा बच्चा नदी में छोड़ती जाती थीं कि कम-से-कम एक तो बच जाए! वहाँ अपना छोटा-सा दुख लेकर मैं क्यों बैठूँ?

मैंने कॉलेज के लोगों की तारीफ सुनी। बहुत अच्छा राहत-कार्य किया। लोग आते और पका या बिना पका खाना देकर बिना नाम बताए चले जाते। फोटोग्राफर नहीं लाते थे। इसी तरह के कई राहत-कार्य चले।

आँसू पोंछकर मैं जब निपटा तो एक सज्जन ने कहा, ''कुछ तो कहिए!''

मैंने कहा, ''शब्द कहने में समर्थ नहीं हैं। समर्थ कर्म है। कर्म करो। जीवन मृत्यु पर विजय पाएगा। विज्ञान से, आन्दोलन से, क्रान्ति से। इस बीच कितने ही लोग मरेंगे। पर जीने के लिए कितने लोग नहीं मरे? जीने के लिए मरना भी पड़ता है।''

और फिर याद आया, मेरी ननिहाल...

मैंने कहा—छोड़ो। आत्मरक्षा की कोशिश कीड़ा भी कर लेता है। फिर वे तो मनुष्य हैं।

फिर किनारे पर लोगों का समवेत स्वर—'जय नर्मदे'!

आदमी और नदी का सम्बन्ध हमेशा रहेगा।

उस बहादुर मत्स्यगन्धा सरस्वती की याद आई। वह बाहर गई थी।

मंत्री उईके ने साहस और आदमियत का काम किया कि क्रुद्ध भीड़ में चले गए। वह भीड़ किसी को भी चीरकर फेंक देती। अफसरों का पिटना स्वाभाविक है।

पर लोग खुस-फुस कर रहे थे कि पुलिस अफसर को सट्टेवालों ने पीटा था। खैर, जाँच चल रही है। यह भी लोगों ने बताया कि हिंसा को राजनीति का सिद्धान्त मानने वाले एक दल ने उपद्रव कराए।

मैं सोचता हूँ, सोलह वर्ष की केवट बच्ची में यह साहस कहाँ से आया? साहस और लोग भी जताते हैं। दूसरों की प्राण-रक्षा भी करते हैं।

पर आत्मरक्षा आदमी पहले करता है। जब खुद सुरक्षित हो जाता है, तब दूसरे की रक्षा करता है। दूसरा वह होता है, जो थोड़ा खतरा उठाकर दूसरे को बचाता है। इतना खतरा नहीं लेता कि अपनी जान चली जाए।

पर यह साहस बिलकुल अलग है। समुद्र-सरीखा हाल है। तेज लहरें हैं। चट्टानें छिपी हैं। ऐसे में कोई लड़की यह मानकर कि मैं तो निश्चित मरूँगी, दूसरों को बचाने निकल पड़े। अपनी मौत के बारे में तय करके दूसरों की प्राण-रक्षा करने निकल पड़ना—यह कैसा साहस है?

मुझे लगता है—इसमें वही भावना है, जो मेरी माँ में मुझे बचाते वक्त थी—मातृत्व की भावना। छोटी केवट लड़की उस वक्त माँ हो गई होगी और सोचा होगा—बच्चों को बचाना है। साथ ही मानवी करुणा। इस भीतरी भावना ने बाहरी

शारीरिक सामर्थ्य से मिलकर उसके हाथों से डोंगी चलवाई होगी। यह केवल शारीरिक साहस नहीं है, गहरा है, भीतरी है।

उसका सम्मान हो रहा है। उसने वे रुपए बाढ़-पीढ़ितों के लिए दे दिये।

तब कलेक्टर ने बैंक में उसका खाता खुलवाया और उसे ड्राफ्ट या चेक दिये जाने लगे।

इधर मेरे शहर में भी सार्वजनिक सम्मान हुआ। पचासों मालाएँ गले में डल रही हैं। जय बोली जा रही है। पर लड़की न प्रसन्न, न उत्तेजित, न भावुक। ऐसे बैठी रही, जैसे झोंपड़े में, घर में बैठी है और उसने कोई खास काम नहीं किया है।

स्कूली बच्चे पच्चीस-पचास पैसे जेब-खर्च का लाकर दे रहे थे।

पर बड़ी-बड़ी संस्था वाले, जो चार-छह हजार का डिनर करते हैं, वायदा करके भी नहीं आए। और भी लखपति, करोड़पति नहीं आए। उनके दस्तखतोंसहित लिस्ट आयोजन के मंत्री के पास थी। संचालन मैं कर रहा था। भोला-सा मंत्री बोला, ''अब दानदाताओं के नाम पढ़ते जाएँ। वे आकर माला पहनाएँगे और ड्राफ्ट देंगे।''

मैंने कहा, ''वे तुम्हारे दानदाता यहाँ मुझे नहीं दिख रहे हैं। नाम पढ़ेंगे और कोई नहीं आया तो बड़े शर्म की बात होगी। वे तो अपनी शर्म ऊँचे दामों पर बेच चुके, पर अपनी अभी बची है।''

यह समाचार अखबारों में छप गया।

मैंने सोचा—इनकी आत्मा बीमार तो है, पर अभी मरी नहीं है। साँस चल रही है। शायद ये उसे कुछ भेजें।

फिर याद आई मुझे—ननिहाल!

नर्मदा से ही नष्ट लोगों की—'नर्मदा मैया की जय!'

और याद आता है—मनु!

हिमगिरि के उत्तुंग शिखर पर
बैठ शिला की शीतल छाँह,
एक पुरुष भीगे नयनों से
देख रहा था प्रलय-प्रवाह।

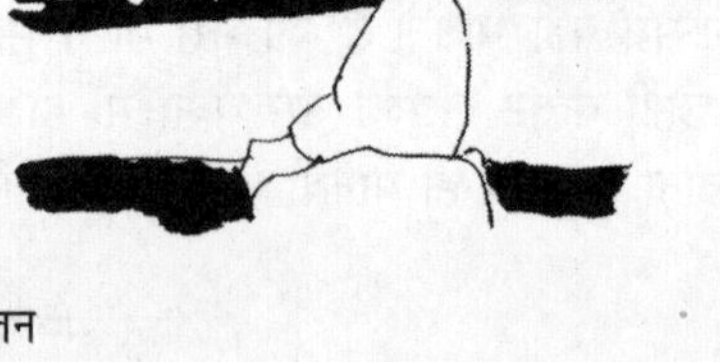

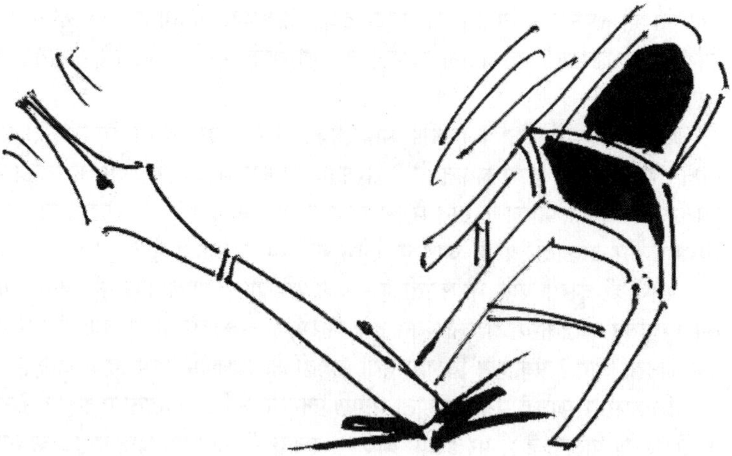

परिचर्चा का श्रीगणेश

लेखक : संरक्षण, समर्थन और असहमति

प्रदीप पन्त का एक पत्र मैंने 'मुक्तधारा' 23 दिसम्बर,1973 के अंक में पढ़ा। इसके पहले भी सत्ता और लेखक के सम्बन्धों को लेकर ढेरों लेख लिखे गए हैं। हर चार-छह महीने में हम लेखक लोग कहीं गोष्ठी करते हैं और लगभग उन्हीं शब्दों में उन्हीं बातों को दुहराते हैं। जब लगता है कि गोष्ठी हुए काफी महीने हो गए, तो फिर एक गोष्ठी करते हैं। विषय अमूमन वही होते हैं : नई भाषा की तलाश, लेखक और उसका परिवेश, सत्ता और साहित्यकार। फिर लगभग उन्हीं शब्दों में उन्हीं बातों को दुहराकर सन्तुष्ट होते हैं कि जलसा कामयाब रहा।

जलसे बराबर कामयाब हो रहे हैं, पर सवाल जहाँ-का-तहाँ खड़ा है—राजनीतिक सत्ता और साहित्यकार का सम्बन्ध?

इधर मध्यप्रदेश में भी राज्यपाल ने एक दिन लेखकों से मिलने के लिए उन्हें चाय पर बुला लिया था। मैं तो भोपाल निवासी हूँ नहीं, पर प्रतिक्रियाएँ मैंने पढ़ीं और सुनीं—जो गए, वे कहलाए पतित और बिके हुए और जो नहीं गए, वे क्रान्तिकारी! और झगड़ा शुरू हो गया।

मैं जानता हूँ, सरकार 'शब्द' से अब डरने लगी है। वह साहित्यकार से सम्बन्ध स्थापित भी करना चाहती है। वह 'पेट्रोनाइज' भी करना चाहती है। वह अपनी एक सांस्कृतिक 'इमेज' भी बनाना चाहती है। मोरारजी भाई ने भी तो लेखकों को बुलाया था।

सवाल यह है कि क्या कोई साहित्यकार बिलकुल स्वतंत्र रह सकता है? लेखन से जीविका कमा सकता है? सरकारी नौकरी में जाकर आर्थिक विकास-सम्बन्धी मंत्री का भाषण लिखने से अपने को बचा सकता है? क्या रेडियो, प्रकाशन विभाग और अकादमियों में जाने के लोभ को नकार सकता है?

साथ ही दूसरी बातें भी उठती हैं—क्या रेडियो पर कलाकार की जगह भाँड़ की नियुक्ति लेखकीय अहंकार को तुष्ट करेगी? अकादमियों में क्या गँवारों को बिठा दिया जाए? प्रकाशन विभाग क्या अपढ़ों के हाथों में सौंप दिया जाए?

विकास-सम्बन्धी मंत्री का झूठा भाषण लिखने के लिए लेखक मजबूर है (उसे बीवी-बच्चे पालना है), पर इसके बाद भी रचना में वह सही बात कहने के लिए कम-से-कम भीतरी ईमान से स्वतंत्र है।

मजा यह है कि भारतीय लेखक एक साथ दो युगों में जीता है—मध्य युग में और आधुनिक युग में। वह कुम्भनदास की तरह घड़े बनाकर नहीं जीता, पर कहता है—'सन्तन कहा सीकरी सों काम।' वह रैदास की तरह जूते नहीं सीता, न कबीर की तरह कपड़े बुनता है—मगर बात उन्हीं के आदर्शों की करता है।

यह एक छद्म क्रान्तिकारिता है। इनाम लेने की कोशिश में पीछे नहीं, अकादमियों के लाभ के लिए बराबर प्रयत्नशील, अच्छी सरकारी नौकरी की बराबर तलाश में—मगर साथ ही यह नारा भी कि सरकार लेखक को खरीद रही है। आप तो बाजार में खुद माल की तरह बैठे हैं और खरीदार को दोष देते हैं कि कमबख्त हम लोगों को खरीद रहा है। फिर खरीदार क्या सिर्फ सरकार ही है? क्या इससे बड़े खरीदार नहीं हैं और क्या 'माल' बिक नहीं रहा?

सरकार का विरोध करना भी सरकार से लाभ लेने और उससे सरंक्षण प्राप्त करने की एक तरकीब है। लेखक न अब 'बेचारा' रह गया है, न भोला। वह जानता है कि सरकार का विरोध करने से कभी-कभी समर्थन से अधिक फायदे मिलते हैं। सरकारें खुद चाहती हैं कि कुछ लेखक उनका विरोध करें। वे उन्हें पहचान लें और जो चाहिए, दे-दिवा दें।

अति सरलीकरण के खतरे होते हैं। बदलते समाज में सरल फार्मूले भ्रम पैदा करते हैं। यशपालजी का यह कहना ठीक है कि सरकार अगर लेखक को संरक्षण देगी तो आपसे समर्थन की भी माँग करेगी। मगर फिर भी मुझे यह बात अति सरल लगती है।

सवाल है—कौन-सी सरकार? कैसी सरकार? उसका प्रोग्राम क्या है? वह किन मुद्दों पर समर्थन चाहती है? क्या हम अन्धे की तरह यह मान लें कि लेखक और सरकार का शाश्वत शत्रु-सम्बन्ध है या मित्र-सम्बन्ध? संसदीय लोकतंत्र में क्या लेखक और सरकार के परस्पर सम्बन्धों पर फिर से विचार करने की जरूरत नहीं है? क्या यह सही नहीं है कि सरकार के टोटल विरोध की बात वही लेखक करते हैं, जिनके मजे में जिन्दगी गुजारने के लिए दूसरे जरिए हैं? क्या यह सही नहीं है कि कल जो मंत्रियों के झूठे भाषण प्रेमपूर्वक लिखकर देते थे, आज सरकारी नौकरी छोड़कर दूसरे दरबार में चोबदार की हैसियत से 'क्रान्ति-शूर' की मुद्रा धारण करते हैं और सरकार की बुराई करते नहीं अघाते; क्योंकि 'प्रमोशन' कोई दूसरा फटकार ले गया-और सरकार-विरोध फायदे देता है।

मैं सरकारों का कटु आलोचक हूँ। मैं जानता हूँ, केन्द्र और प्रदेशों की सरकारें कोई क्रान्तिकारी सरकारें नहीं हैं। इनकी आलोचना होनी ही चाहिए। पर सवाल है—'आलोचना टोटल होनी चाहिए या मुद्दों पर?' दूसरा सवाल है—क्या हम लेखक ऐसे किसी 'आन्दोलन में शरीक हैं जो इनकी जगह सच्ची क्रांतिकारी, जनवादी सरकारों की स्थापना करे?' फिर यह 'संरक्षण' क्या चीज है? यह कोई अच्छा शब्द नहीं है। यह अक्सर पिछड़ी जातियों, आदिवासियों आदि के लिए काम में आता है। लेखक भी क्या इसी तरह के 'संरक्षण' का आकांक्षी है? और इसके साथ ही सरकार का समर्थन न करने की छूट भी चाहता है। आदिवासी छात्र जो सरकार से स्कॉलरशिप पाकर मजे में होस्टल में रहकर पढ़ता है, रोज सवेरे प्रार्थना के बाद प्रधानमंत्री और मुख्यमंत्री और आदिवासी मंत्री की जय बोलता है। पर जब ये लड़के अलग बैठते हैं, तब कहते हैं कि—साले घटिया खाना खिला रहे हैं।

मैंने कहा है, अति सरलीकरण के खतरे हैं। क्या लेखकों की अलग दुनिया है? होगी। पर सहकारी दुकान उस दुनिया में नहीं है। वह इन्हीं सब लोगों की दुनिया में है, जहाँ लेखक, हो सके तो, झूठे कार्ड पर भी शक्कर ले लेता है।

लेखक क्या सरकार की टोटल आलोचना करे? यानी अगर सरकार कोई ठीक योजना, योजना आयोग से बनवा रही है, तो भी क्या उसका विरोध ही करे-क्योंकि वह लेखक है और उसकी अलग दुनिया है? लूकाच ने कहा है कि कुछ भी प्रगतिशील कदम उठाने वाली सरकार की टोटल आलोचना करने वाला बुद्धिजीवी अक्सर 'हीरो' बनने की कोशिश करता है, पर वह मूलतः क्रान्ति-विरोधी शक्तियों

का एजेंट होता है। वह जनता का आक्रोश सरकार की तरफ करके उन ताकतों को बचा ले जाता है, जो यथास्थितिवादी और क्रान्ति-विरोधी होती हैं। गो वर्ग-सम्बन्ध दोनों के एक हैं। लेनिन ने कहा है—अतिक्रान्तिकारिता की बात करने वाले बुद्धिजीवी अक्सर बुर्जुआ के एजेंट होते हैं। वे सामाजिक क्रान्ति की तर्कपूर्ण, योजनाबद्ध और यथाविधि प्रक्रिया में अड़ंगा डालते हैं।

सवाल बुनियादी है। हमें उन्हें भारतीय परिस्थितियों में और नए परिप्रेक्ष्य में देखना है। इसमें न इन्दिरा गांधी से मतलब है, न केदार पांडे से।

कोई लेखक समाजवाद-विरोधी नहीं है। इन लेखकों को यह भी मालूम होना चाहिए कि कॉलेजों और विश्वविद्यालयों की नई पीढ़ी तुरन्त क्रान्तिकारी सामाजिक परिवर्तन चाहती है। वह इस 'डेमोक्रेसी' या 'संसदीय लोकतंत्र' के धीमे और झूठे कार्यक्रम से सन्तुष्ट नहीं हैं। मुझे इस पीढ़ी से सम्पर्क के बहुत अनुभव हैं। ये तुरन्त परिवर्तन चाहते हैं—और बहुत परेशान हैं। ये आपकी 'एकेडेमिक बहस' पर लानत हैं।

यथार्थ यह है कि लेखक एक विशिष्ट प्रकार का व्यक्ति इस अर्थ में होता है कि वह मानव-जीवन के भविष्य के बारे में सोचता है, उसका एक स्वप्न होता है, कल्पना होती है। वह सामान्य लोगों से अधिक प्रबुद्ध भी होता है। उसका विशेष दायित्व है।

क्या हम सिर्फ इस प्रश्न में उलझे रहें कि सरकार लेखक को संरक्षण दे या न दे? लेखक सरकार का समर्थन करे कि न करे? संरक्षण और लाभ लेकर भी वह क्या सरकार को समर्थन देने के लिए प्रतिबद्ध है?

ये सवाल बुनियादी नहीं, सुविधा और असुविधा के सवाल हैं। मैं बहुत लेखकों को जानता हूँ, जो केवल सरकार-विरोध को 'आइडियालॉजी' मानते हैं। पर मैं पूछता हूँ कि अगर सरकार योजना बनाती है तो लेखक का रुख क्या होगा? अगर सरकार अन्न का राष्ट्रीयकरण कर रही है तो लेखकों का क्या रुख होगा? अगर कोई मुख्यमंत्री (अपनी इमेज बनाने के लिए ही सही) जनता के जुलूस में शामिल होकर मुनाफाखोरी के विरुद्ध वातावरण तैयार करने में सहायक होता है—तो मैं उस जुलूस में जाऊँगा और उस मुख्यमंत्री को मजबूर करूँगा कि वह जनता को बताए कि वह क्या करना चाहता है। इसके बाद वह कुछ नहीं करता है, तो मेरा यह लेखकीय अधिकार और धर्म है कि मैं कहूँ कि तुम झूठे हो और 'स्टंट' कर रहे थे।

सवाल यह है कि लेखक अपने को आम जनता से जोड़ता है या नहीं। जोड़ता है तो वह हर सही जन-आन्दोलन में साथ देगा—वरना कमरे में बैठकर कविता लिखेगा—कि हम तो मर गए हैं, हम सूअर हैं, हमारी मरणतिथि यह है (हालाँकि ठाठ से जी रहे हैं)।

योजना को यदि विकास का मार्ग स्वीकृत कर लिया गया है—और है भी—तो मैं योजना का समर्थन करूँगा। मगर योजना के कार्यान्वयन की खामियों की मैं कड़ी आलोचना करूँगा।

जहाँ तक सरकार के हाथ बिकने वाले मामले का सवाल है, लेखक सोचें कि पैब्लो नेरुदा अगर फ्रांस में चिली का राजदूत हो गया तो क्या वह राष्ट्रपति एलेंडे के हाथों बिक गया? (दोनों दुनिया छोड़ गए।)

मेरी प्रार्थना है कि लेखक कुछ बातों को न भूलें—भारत में संसदीय लोकतंत्र है। संसदीय लोकतंत्र में लेखक सत्ता से अपना तालमेल कैसे बिठाए? क्या वह इस व्यवस्था का अंग हो गया है और 'संरक्षण' चाहता है? क्या वह 'समर्थन' देने को मजबूर हो गया है? या वह केवल 'स्टंट' करके लोगों को बेवकूफ बनाना चाह रहा है? या वह छद्‌म क्रान्तिकारिता ओढ़े हुए है?

भारतीय बुद्धिजीवी और लेखक को रचनात्मक ईमान तथा जन-आन्दोलन में सहभागिता के साथ इन प्रश्नों पर गम्भीरता से विचार करना चाहिए। उसे अपनी स्थिति को तय करना चाहिए। कभी-कभी 'एकेडेमिक' अन्दाज में (जो वास्तव में एकेडेमिक भी नहीं है) कुछ कह देने से कुछ नहीं होगा।

मैं चाहता हूँ, इस विषय पर विस्तृत चर्चा हो।

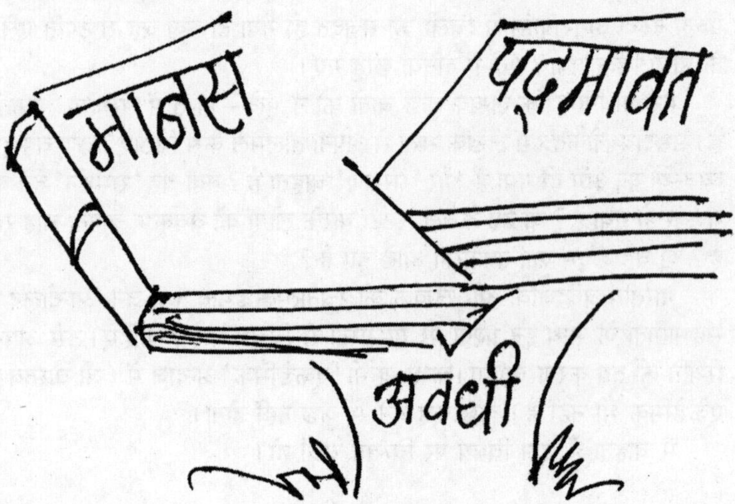

कबीर समारोह क्यों नहीं

मानस चतुश्शती समारोह होने में मुझे कोई एतराज नहीं है। कर लेने दिया जाए। कम-से-कम इतने बड़े और पूज्य कवि पर खुली बहस तो हो जाए। हिन्दू कवि और मुसलमान कवि, हिन्दू काव्य और मुस्लिम काव्य—ये 'संकीर्ण मूर्खताएँ' हैं। तुलसी के पहले उसी भाषा और उसी छन्द में मुसलमान कवि मलिक मुहम्मद जायसी ने 'पद्मावत' महाकाव्य लिखा था, जिसमें नायक हिन्दू और खलनायक मुसलमान था—इस तथ्य को लोग सामने नहीं आने देना चाहते। यह काव्य तब लिखा गया जब उत्तर भारत में सुल्तानों का राज हो गया था।

मैं उन आचार्यों की यह स्थापना नहीं मानता कि तुलसीदास ने हिन्दू जाति और धर्म को बचा लिया। वह अकबर था, जो इस देश के हिन्दू-मुसलमान दोनों को बचाना चाहता था। उसी ने सबसे पहले यह कल्पना की थी कि इस देश की

राजनीतिक संरचना अन्ततः 'संघ राज्य' होगा—और वह हुई। इसीलिए वह आपस में लड़ते तीन-चार जिलों के मालिक क्षत्रिय राजाओं से कहता था—मैं कंठीमाला पहन लेता हूँ। चन्दन लगा लेता हूँ। आओ, एक संघ बना लें। पर ये राजा, जो हिन्दू थे, आपस में ही लड़ते थे। साम्प्रदायिक दृष्टि से इतिहास की व्याख्या करने वाले राजा मानसिंह को बहुत कलंकित करते हैं और राणा प्रताप को 'हीरो' बनाते हैं—जबकि मानसिंह में राजनीतिक समझ थी और प्रताप शूरवीर होते हुए भी राजनीतिक समझ से हीन थे। जो लोग अकबर को रावण का प्रतीक मानकर 'जब-जब होइ धरम की हानी' राम के अवतार की प्रतीक्षा कर रहे थे, वे यदि अवतार लेते, तो पहले इन छोटे-छोटे हिन्दू राजाओं का नाश करते कि बेवकूफो, अपनी जाति को क्यों तोड़ रहे हो!

यों मध्ययुग के कवियों में कबीर के सिवा किसी में युगीन सामाजिक चेतना नहीं थी। सूरदास अति अन्तर्मुखी कवि थे, पर इसमें शक नहीं कि बाल-जीवन, संयोग और वियोग का इतना ऊँचा कवि कम ही मिलता है। यह सही है कि ब्राह्मण और दूसरे ऊँचे वर्णों ने कबीर को कवि नहीं माना, अवहेलना की। उसे गाली देने वाला माना। अब भी होली पर जब गालियाँ गाई जाती हैं, तब गालियाँ शुरू होती हैं—'अरेरे सुनो कबीर'—यानी आज भी कबीर गाली का पर्यायवाची है। जब कबीर की सौ कविताओं का रवीन्द्रनाथ ने अंग्रेजी में अनुवाद किया और खुलेआम स्वीकार किया कि मैंने कबीर से बहुत-कुछ लिया है तब कबीर को 'रिस्पेक्टेबिलिटी' मिली—क्योंकि रवीन्द्र आभिजात्य थे। दूसरा कोई ऐसा करता तब भी कबीर को प्रतिष्ठा न मिलती।

कबीर ने जीवन को आर-पार देखा था। समाज-व्यवस्था के पाखंड और अन्तर्विरोधों को समझा था। पाखंड को समझा था और तिलमिला देने वाली चोट की थी। वह हिन्दू-मुस्लिम, ब्राह्मण-शूद्र के भेद का शत्रु था। मुझे आश्चर्य है कि कबीर को जिन्दा कैसे रहने दिया गया। चार-पाँच सौ साल पहले किसी की गर्दन उतार लेना आसान काम था। मुझे लगता है, कबीर अपने जमाने का बड़ा गुंडा भी रहा होगा और उसके हजारों लड़ाकू चेले उसकी रक्षा करते होंगे। वह केवल कबीर था, जो आज भी 'मॉडर्न' है और भारतीय समाज का सच्चा प्रतिनिधि कवि है।

वह कहता है :

तू बाम्हन बम्हनी का जाया
आन द्वार ते होके आया?
तू है तुरक तुरकनी जाया
भीतर खत्तन क्यों न कराया?

तुलसीदास का मूल्यांकन हम आज चार सौ साल बाद कर रहे हैं। हमें तुलसी के युग और उसके पहले के सन्दर्भ देखने होंगे। सही है कि तुलसीदास ब्राह्मणवादी थे। मध्ययुग में ब्राह्मणों का पतन हुआ। इसके पहले ब्राह्मणों ने ज्ञान-विज्ञान का शोध किया, विधान दिये। बहुत पहले के ब्राह्मण के चिन्तन को नकारा नहीं जाता। तब भी वह जातिवादी था। उसने क्षत्रिय विश्वामित्र को 'ऋषि' नहीं होने दिया। तब भी ब्राह्मण भूखा मरता था, पर वह बिना शिकायत के स्थिति से समझौता करके धर्म और समाज-चिन्तन में लगा रहता था।

यह भारतीय समाज की विचित्र स्थिति है कि ब्राह्मण, जो सबसे उच्च वर्ण का है, पुजता है, वही सबसे गरीब है। वह स्टेशन पर पानी पाँडे है, बड़े घरों में रसोइया है। सवा रुपए में 'सत्यनारायण' कर देता है। भीख माँगता है। विवाह में तरकीब से कुछ रुपए जरूर धरवा लेता है। 'ओम् शनि ग्रह—एक रुपया रखो। ओम् शुक्र ग्रह—सवा रुपया रखो।' सोचता हूँ, इस ब्राह्मण में अक्ल होती तो यह नवग्रह के सिवा 'स्पुतनिक' पर भी रुपया रखवा लेता—'ओम् रूसी ग्रह-सवा रुपया रखो। ओम् अमेरिकी ग्रह—एक रुपया रखो।'

बड़ी हद तक ज्ञान-विज्ञान की उपलब्धि के बाद इस ब्राह्मण का पतन शुरू हुआ। उसने राजसत्ता और अर्थसत्ता से समझौता किया। सामन्त की प्रशंसा के छन्द लिखकर स्वर्ण-मुद्रा पाने लगा और वणिक का शनि उतारने के लिए अनुष्ठान करके द्रव्य लेने लगा। पर साधारण विप्र फिर भी पूज्य, परन्तु गरीब और भिखमंगा रहा।

शोषक वर्ग के लिए जरूरी हो गया कि बहुसंख्यक शोषितों को ज्ञान-विज्ञान, संस्कृति आदि से वंचित किया जाए। उसे 'अछूत' करार दिया जाए और हीन सेवाएँ कराई जाएँ, क्योंकि सेठानी और राजकुमारी मैला साफ नहीं कर सकती थीं। फिर यदि यह शोषित वर्ग ज्ञान-विज्ञान पा गया, तो बराबरी का हो जाएगा, अधिकारों की माँग करेगा। तब ब्राह्मण ने ज्ञान की पोथी को लपेटकर रख दिया। दूसरों को नहीं पढ़ने दिया, न खुद पढ़ा। इस तरह विप्र खुद तो गँवार होता ही गया, निम्न वर्ण और हीन होता गया। यदि शम्बूक का प्रकरण सही है जिसकी गर्दन विप्र के आदेश से राम ने काटी थी, तो उसका अर्थ है कि वह शूद्र 'तपस्या' यानी ज्ञान-विज्ञान का अध्ययन कर रहा था। इससे अकाल पड़ा?

तुलसी में सामाजिक-धार्मिक चेतना थोड़ी थी, धार्मिक ज्यादा थी :

हरित भूमि तृण संकुल,
सूझ परहिं नहिं पन्थ।
जिमि पाखंड विवाद तें,
लुप्त होंहि सद्ग्रन्थ॥

पाखंड-विवाद से सद्ग्रन्थ के लुप्त होने की बात वे जानते थे। कई पन्थ, कई साधना-पद्धतियाँ थीं। इनमें आपस में झगड़े थे। 'रामचरितमानस' से ही मालूम होता है कि शैवों और वैष्णवों में संघर्ष थे। शैव पिटाई कर देने वाले लोग थे। वैष्णव 'भूल-चूक लेना-देना' होता है। तुलसी ने समन्वय की कोशिश की। राम से कहलवाया—'शिव का बैरी मेरा भी शत्रु है।' फिर लंका पर हमले के पहले राम ने शिवलिंग की स्थापना की, जिसमें पौरोहित्य के लिए रावण को बुलवाया। लंका की सभ्यता बहुत विकसित थी। विंध्य के दक्षिण के लोग असभ्य थे। बालि और सुग्रीव कुश्ती लड़े थे। हथियारों से नहीं लड़े थे। वे सभ्यता की उस स्टेज पर थे जहाँ सिर्फ मल्लयुद्ध हो सकता था। इन्हें धनुष-बाण वाले राम-लक्ष्मण के लिए अपने अनुयायी बनाना आसान था। फिर भी बालि ने राम को मरते-मरते धिक्कारा—'मारेहु मोहि व्याध की नाईं!'

हथियारों के निर्माण का विकास सभ्यता के विकास का एक दिलचस्प अंग है। ब्राह्मण भी हथियार उठाने लगे थे क्षत्रियों के खिलाफ। परशुराम कहते हैं :

भुजबल भूमि भूप बिन कीन्हीं
सहस बार महिदेवन दीन्हीं
सहस बाहु भुज छेदनहारा
परसु निहार नरेश कुमारा। (लक्ष्मण से)

परशुराम ने सात-आठ फीट के डंडे में एक धारदार फलक लगा लिया था—फरसा। यह शस्त्र के क्षेत्र में आविष्कार था। यह शस्त्र अपनी ब्राह्मण उपजाति नम्बूदरी को दे दिया। फरसे से सात-आठ फीट की दूरी से प्रहार किया जा सकता है। शत्रु पास आ ही नहीं सकता। पर इधर भी ब्राह्मण ही ऐसे शस्त्रों के निर्माण में लगे थे, जिनसे और दूर से प्रहार किया जा सके। विप्र वशिष्ठ दशरथ के चारों पुत्रों को (जो सिर्फ यज्ञ करने से पैदा हो गए थे!) शस्त्र और शास्त्र दोनों की शिक्षा दे रहे थे और राम-लक्ष्मण धनुष-बाण से लैस थे। जनक के यहाँ रखा वह धनुष 'सेम्पल' का धनुष होगा। जब परशुराम ने राम-लक्ष्मण को इस शस्त्र-विद्या में निपुण पाया तो चकराए। कहा :

राम रमापति कर धनु लेहू,
खैंचहू चाप मिटे संदेहू।

परशुराम 'फासिस्ट' थे। अपनी उपजाति को लेकर केरल चले गए। मजे की बात यह है कि उनकी जाति के नम्बूदरी ब्राह्मण आगे चलकर 'कम्युनिस्ट' हो गए।

मैं तुलसी के काव्य-वैभव की चर्चा इस लेख में नहीं कर रहा हूँ। उनके सोचने और मानने की बात कर रहा हूँ।

कितना ही बड़ा कवि हो, अपने युग की जमीन पर उसके पाँव होंगे ही। जैसी राजनीतिक परिस्थिति थी, उसके हिसाब से वे सामन्तवाद के समर्थक थे। उनकी कल्पना एक 'बेनीवोलेंट मॉनर्क' की कल्पना थी और राम को उन्होंने ऐसा ही बनाया है। पर इस तरह की सत्ता के खतरे भी जानते थे :

को न राज-पद पाय नसाईं।

× × ×

जासु राज प्रिय प्रजा दुखारी,
सो नृप अवस नरक अधिकारी।

अंग्रेजी में कहें तो—'सेंड हिम टु हैल!'

अपने युग की सड़ी मान्यता और दीमक खाई खोखली मर्यादा से विद्रोह करना विरले महाप्राण कवि के वश की बात है। यह सही है कि तुलसीदास ने लोकभाषा में साहित्य लिखकर कुछ लीक तो तोड़ी, पर मान-मूल्य उनके सामन्ती थे। फिर वे समर्पित भक्त थे। अपने आराध्य के दोष नहीं देखते थे। एक तुलसी के विद्वान ने मुझसे कहा कि लोकापवाद के भय से राम ने सीता का जो परित्याग किया, इसके लिए तुलसी ने उन्हें क्षमा नहीं किया। उत्तरकांड में यह तो उन्होंने कहा है कि लक्ष्मण, भरत और शत्रुघ्न के दो-दो गुणवान पुत्र हुए। पर लव-कुश के बारे में कहा है—सीता के दो वीर गुणवान पुत्र हुए। राम का नाम ही नहीं लिया। मैंने कहा—यह भी तो हो सकता है कि तुलसी को धोबी की बात पर भरोसा हो गया हो! वे हँसने लगे।

तुलसी के अनुभवों का क्षेत्र विशाल था। जीवन-चिन्तन गहन था। जीवन की हर स्थिति के विषय में सोचा और निष्कर्ष में नीति-वाक्य बोले :

पर हित सरस धरम नहीं भाई,
पर पीड़ा सम नहिं अधमाई।

तमाम रामचरितमानस नीति-वाक्यों से भरा पड़ा है। ये काव्य नहीं, 'स्टेटमेंट्स' (वक्तव्य) हैं। इनमें शाश्वत जीवन-मूल्यों की अभिव्यक्ति की भी कोशिश है :

सुर नर मुनि सबकी यह रीती,
स्वारथ लागि करहिं सब प्रीती।

इस बात से कोई इनकार नहीं करेगा। हर स्थिति पर जड़े गए नीति-वाक्य लोगों की जुबान पर हैं और वे लोकप्रिय हैं। कविता रामचरितमानस में नहीं, गीतावली और कवितावली में है। मानस में कथा और नीति-वाक्य हैं।

यह सही है कि सामन्ती समाज की सड़ी-गली मान्यताओं को तुलसी ने बल दिया। छोटे, कमजोर दलित वर्ग को और कुचलने के लिए एक धार्मिक पृष्ठभूमि

और मर्यादा का बल दे दिया। ये दलित लोग थे-स्त्री और नीची जाति के लोग। पुनरावृत्ति होगी, पर :

ढोल गँवार शूद्र पशु नारी,
ये सब ताड़न के अधिकारी।
पूजिय विप्र सील गुन हीना,
शूद्र न पूजिय जदपि प्रवीना।

यह सीधी ब्राह्मण की घृणा है। शबरी के बेर राम को खिलाने और गुह-निषाद को चरण धुलवाकर राम के गले लगाने का कोई अर्थ नहीं।

नारी के प्रति तुलसी की शंका और दुराग्रह भी बहुत है। पतिव्रत धर्म अच्छी चीज है, क्योंकि इससे पारिवारिक जीवन सुखी रहता है—हालाँकि चालीस फीसदी परिवारों में रोते, पिटते और घुटते पतिव्रत धर्म निभा लिया जाता है।

स्त्री के वर्गीकरण में तुलसी कहते हैं :

उत्तम कर अस बस मन माहीं
सपनेहु आन पुरुष जग नाहीं।

पर दूसरी जगह कहते हैं :

भ्राता, पिता, पुत्र, भरतारी
पुरुष मनोहर निरखत नारी।

इसमें वह 'उत्तम' वाली भी आती होंगी। यह क्या विरोधाभास है!

जीवन के अनुभवों के कारण ही हो, तुलसी स्त्री के मामले में 'सेडिज्म' (परपीड़न प्रमोद) के शिकार थे। यह उर्मिला पर सबसे अधिक लागू होता है। कल ब्याही हुई युवती को चौदह सालों में कवि ने बूढ़ी कर दिया। क्या लक्ष्मण और उर्मिला दोनों को राम की सेवा के लिए नहीं भेज सकते थे?

आज भी हरिजन जलाए जाते हैं, इसका सारा दोष तुलसी पर नहीं मढ़ा जा सकता—गो वे इसके प्रोत्साहक हैं। बात यह है कि मैंने रामकथा और रामलीला में स्वयं शूद्रों को अपने ही पीड़न के प्रसंग पर 'हरेनमः' करके गद्‌गद होते देखा है।

जिम्मेदारी हमारी है। हम भी शोषक हैं। हमने भी शूद्र को दबाया है। उसे शिक्षा और संस्कृति से वंचित करके आज भी उसे मध्ययुग की हालत में रखा है।

मध्ययुग में इस वर्ण ने विद्रोह भी किया। अपने कवि, अपने चिन्तक पैदा कर लिए—कबीर जुलाहा, रैदास चमार, कुम्भनदास कुम्हार। यह सही है कि ब्राह्मणों ने कबीर की शक्ति और प्रभाव देखकर उसे विधवा ब्राह्मणी का पुत्र मान लिया। बड़ी कृपा की। मौका आता तो ये मुहम्मद को ईश्वर का अवतार मान लेते।

तो मानस चतुश्शती हो। धूम-धाम से हो। मगर सिर्फ जय-जयकार न हो।

फिर 'कबीर समारोह' हो। कबीर, जिसने अपनी जमीन तोड़ी, भाषा तोड़ी और नई ताकतवर भाषा गढ़ी, सड़ी-गली मान्यता को आग लगाई, जाति और धर्म के भेद को लात मारी, सारे पाखंड का पर्दाफाश किया, जो पलीता लेकर कुसंस्कारों को जलाने के लिए घूमा करता था।

वह योद्धा कवि था। महाप्राण था। सरकार को 'कबीर समारोह' अवश्य करना चाहिए मगर याद रहे, जगजीवनराम को उमाशंकर दीक्षित के साथ एक 'डिनर' खिलाने से कोई सामाजिक परिवर्तन नहीं होता।

❂❂❂